Heiner Boehncke und Hans Sarkowicz

Die Heimat der Romantik

Literarische Streifzüge durch den Rheingau

SOCIETÄTSVERLAG

Die Deutsche Bibliothek – CIP-Einheitsaufnahme

Boehncke, Heiner:
Die Heimat der Romantik: literarische Streifzüge durch den
Rheingau / Heiner Boehncke und Hans Sarkowicz. –
Frankfurt am Main: Societäts-Verl., 2000
ISBN 3-7973-0746-2

© 2000 Frankfurter Societäts-Druckerei GmbH
Satz: Fotosatz Janß, Pfungstadt
Herstellung: Ebner, Ulm
Schutzumschlag: Jutta Schneider, Frankfurt
Printed in Germany 2000
ISBN 3-7973-0746-2

Inhalt

Vorwort

Es ist schwer, Worte zum Rheingau zu finden, die noch nicht gesagt wurden. Es ist aber auch gar nicht nötig; denn kaum ein deutscher Landstrich ist so oft, so schön und treffend beschrieben und besungen worden wie der Rheingau. Und das schuldet sich gewiss nicht nur dem sichtbaren Ensemble aus Strom, Wein, Wald und Bauten. Es liegt auch daran, dass gerade dieses, quer zur Hauptrichtung fließende Stück Rhein durch eine romantische Wunschlandschaft führt.

Es mag sich auch um Versöhnungswünsche handeln: Zwischen Natur und Kultur, Trunkenheit und Kalkül, Tradition, spürbarer Geschichte und Modernität. Und vielleicht auch Goethe und der Rheinromantik mit Brentano und von Arnim. Die in unserem Buch versammelten Texte zeugen von diesem 'doppelten Rheingau'. Reisebeschreibung, historischer Exkurs, weinkundliche Betrachtung, politische Reflexion auf der einen Seite, romantische Poesie und Verklärung, Wunsch- und Traumtext auf der anderen.

Zwischen dem Rheingau und der Literatur existiert nicht erst seit den Romantikern ein enges Bündnis. Das liegt gewiss an der inspirierenden Landschaft, die immer wieder mit dem Paradies verglichen wird. Außerdem pflegen Schriftsteller guten Wein als eine Art Lebensmittel anzusehen. Wo gäbe es mehr davon als im Rheingau.

Mit unserem Buch möchten wir Sie zu einer doppelten Reise einladen. Durch die hier versammelten Texte und zu den Schauplätzen im Rheingau, von denen in den Texten die Rede ist. Dabei kann Ihnen die Gliederung nach Orten im zweiten Teil ebenso helfen wie die kleine Sammlung von Tipps und praktischen Hinweisen.

Der Rheingau:
Irdisches Paradies mit kleinen Fehlern

Zu den uralten Wunschträumen der Menschen, besonders der ärmeren, gehörte und gehört das 'Irdische Paradies'. Nicht wenige haben es gesucht; Kolumbus und anderen diente der Mythos als Wegweiser. Besonders die verwandte Traumregion des Schlaraffenlandes wurde wieder und wieder als eine Gegend ausgemalt, in der alle Wünsche überflüssig sind, weil sie erfüllt werden.

Leider verwandelten sich die erträumten irdischen Paradiese, kaum waren sie entdeckt, erobert, besiedelt, allzu oft in irdische Höllen. Zumindest für ihre ursprünglichen Bewohner.

Was das mit dem Rheingau zu tun hat? Blättert man in literarischen Texten oder in nüchternen Reiseführern, stößt man auffallend häufig auf das Wort Paradies; ganz gleichgültig, ob die begeisterten Gedichte, Beschreibungen oder Werbetexte von heute stammen oder zwei-, dreihundert Jahre alt sind.

Mit solchen schönen Bildern und paradiesischen Visionen im Kopf betrachtet man dann die reale Kulisse mit hochgestimmter Wahrnehmung. Warum auch nicht?

Allerdings erwarten wir von der Literatur nicht nur Jubel und Goldglanz. Nun muss man nicht befürchten, auf der Rückseite des Rheingau-Paradieses befände sich irgendeine Hölle. Das wahrlich nicht; aber dass die wunderschöne Landschaft mit Rhein und Wein und vor allem ihre Bewohner mit allerhand, besonders ökonomischen Problemen zu kämpfen haben, wird keinesfalls verschwiegen.

Beginnen wir aber mit dem Paradies. Für Heinrich von Kleist war die Begegnung mit dem Rhein einer der wenigen glücklichen Momente auf der Reise nach Paris, die eher einer Flucht aus Berlin glich – vor der verhassten Arbeit im preußischen Wirtschaftsministerium. An Karoline von Schlieben schreibt Kleist, dessen Landschaftsschilderungen auch immer verschlüsselte Botschaften über das eigene Befinden waren, am 18. Juli 1801 aus Paris:

9

Einige große Naturszenen, die freilich wohl mit der dresden-schen wetteifern dürfen, habe ich doch auch auf meiner Reise ken-nen gelernt. Ich habe den Harz bereiset und den Brocken bestiegen. Zwar war an diesem Tage die Sonne in Regenwolken gehüllt, und wenn die Könige trauern, so trauert das Land. Über das ganze Gebirge war ein Nebelflor geschlagen und wir standen vor der Na-tur, wie vor einem Meisterstücke, das der Künstler aus Bescheiden-heit mit einem Schleier verhüllt hat. Aber zuweilen ließ er uns durch die zerrißnen Wolken einen Blick des Entzückens tun, denn er fiel auf ein Paradies –

Doch der schönste Landstrich von Deutschland, an welchem un-ser großer Gärtner sichtbar con amore gearbeitet hat, sind die Ufer des Rheins von Mainz bis Koblenz, die wir auf dem Strome selbst bereiset haben. Das ist eine Gegend wie ein Dichtertraum, und die üppigste Phantasie kann nichts Schöneres erdenken, als dieses Tal, das sich bald öffnet, bald schließt, bald blüht, bald öde ist, bald lacht, bald schreckt. Pfeilschnell strömt der Rhein heran von Mainz und gradaus, als hätte er sein Ziel schon im Auge, als sollte ihn nichts abhalten, es zu erreichen, als wollte er es ungeduldig auf dem kürzesten Wege ereilen. Aber ein Rebenhügel (der Rheingau) tritt ihm in den Weg und beugt seinen stürmischen Lauf, sanft aber mit festem Sinn, wie eine Gattin den stürmischen Willen ihres Mannes, und zeigt ihm mit stiller Standhaftigkeit den Weg, der ihn ins Meer führen wird — und er ehrt die edle Warnung und gibt, der freund-lichen Weisung folgend, sein voreiliges Ziel auf, und durchbricht den Rebenhügel nicht, sondern umgeht ihn, mit beruhigtem Laufe dankbar seine blumigen Füße ihm küssend –

Aber still und breit und majestätisch strömt er bei Bingen heran, und sicher, wie ein Held zum Siege, und langsam, als ob er seine Bahn wohl vollenden würde – und ein Gebirge (der Hunsrück) wirft sich ihm in den Weg, wie die Verleumdung der unbeschol-tenen Tugend. Er aber durchbricht es, und wankt nicht, und die Fel-sen weichen ihm aus, und blicken mit Bewunderung und Erstaunen auf ihn hinab – doch *er* eilt verächtlich bei ihnen vorüber, aber ohne zu frohlocken, und die einzige Rache, die er sich erlaubt, ist diese, ihnen in seinem klaren Spiegel ihr schwarzes Bild zu zeigen –

Und, weil wir darauf bestehen, dass vom Rheingau-Paradies die Rede ist, sei ein weiterer Kleist-Brief zitiert. Zehn Tage später schreibt er an Adolfine von Werneck. Diesmal vermischen sich die schmerzhaften Erinnerungen an seine erste Rheinreise von 1793 mit der als glücklich empfundenen Gegenwart:

Wir standen damals in *Biebrich* in Kantonierungsquartieren. Vor mir blühte der Lustgarten der Natur – eine konkave Wölbung, wie von der Hand der Gottheit eingedrückt. Durch ihre Mitte fließt der Rhein, zwei Paradiese aus einem zu machen. In der Tiefe liegt *Mainz*, wie der Schauplatz in der Mitte eines Amphitheaters. Der Krieg war aus dieser Gegend geflohen, der Friede spielte sein allegorisches Stück. Die Terrassen der umschließenden Berge dienten statt der Logen, Wesen aller Art blickten als Zuschauer voll Freude herab, und sangen und sprachen Beifall – Oben in der Himmelsloge stand Gott. Hoch an dem Gewölbe des großen Schauspielhauses strahlte die Girandole der Frühlingssonne, die entzückende Vorstellung zu beleuchten. Holde Düfte stiegen, wie Dämpfe aus Opferschalen, aus den Kelchen der Blumen und Kräuter empor. Ein blauer Schleier, wie in Italien gewebt, umhüllte die Gegend, und es war, als ob der Himmel selbst hernieder gesunken wäre auf die Erde –

Ach, ich entsinne mich, daß ich in meiner Entzückung zuweilen, wenn ich die Augen schloß, besonders einmal, als ich an dem Rhein spazieren ging, und so zugleich die Wellen der Luft und des Stromes mich umtönten, eine ganze vollständige Sinfonie gehört habe, die Melodie und alle begleitenden Akkorde, von der zärtlichen Flöte bis zu dem rauschenden Kontra-Violon. Das klang mir wie eine Kirchenmusik, und ich glaube, daß alles, was uns die Dichter von der Sphärenmusik erzählen, nichts Reizenderes gewesen ist, als diese seltsame Träumerei.

Zuweilen stieg ich allein in einen Nachen und stieß mich bis auf die Mitte des Rheins. Dann legte ich mich nieder auf den Boden des Fahrzeugs, und vergaß, sanft von dem Strome hinabgeführt, die ganze Erde, und sah nichts, als den Himmel –

Wie diese Fahrt, so war mein ganzes damaliges Leben – Und jetzt! – Ach, das Leben des Menschen ist, wie jeder Strom, bei seinem Ursprunge am höchsten. Es fließt nur fort, indem es fällt –

11

In das Meer müssen wir alle – Wir sinken und sinken, bis wir so niedrig stehen, wie die andern, und das Schicksal zwingt uns, so zu sein, wie die, die wir verachten –

Ich habe in der Gegend von Mainz jeden Ort besucht, der mir durch irgend eine Erinnerung heilig war, die Insel bei Bieberich, die ich mit *Müllern,* oft im größten Sturm, umschiffte – das Ufer zwischen Bieberich und Schierstein, an welchem *Gleißenberg* mich einmal mitten in der Nacht, als der Schiffer schelmisch aus unserm Kahn gesprungen war, hinanstieß – das Lager bei Marienborn, wo ich noch Spuren einer Höhle fand, die ich einmal mit *Barßen,* uns vor der Sonne zu schützen, in die Erde gegraben hatte.

Wie könnte das Irdische Paradies treffender beschrieben werden als im Bild des „Himmels, der selbst hernieder gesunken ist auf die Erde"? Vielleicht wissen unglückliche Menschen (Kleist sollte sich zehn Jahre später das Leben nehmen) am besten Bescheid über Paradiese. Weil sie sich stärker danach sehnen? Jedenfalls hat auch der arme Friedrich Hölderlin diese Gegend im Jahre 1801 als ein Schlaraffenland besungen:

> Seliges Tal des Rheins
> kein Hügel ist ohne den Weinstock,
> Und mit der Traube Laub
> Mauer und Garten bekränzt
> und des heiligen Tranks
> sind voll im Strome die Schiffe,
> Städt' und Inseln sie sind
> trunken von Weinen und Obst.
> Aber lächelnd und ernst
> ruht droben der Alte, der Taunus,
> Und mit Eichen bekränzt
> neiget der Freie das Haupt.

Ein Zeitgenosse beider Dichter war der Mainzer Historiker Niklas Vogt (1758–1836). Er durchstreifte schon als Junge immer wieder den Rheingau und gestand einmal: „Von dieser frühen Zeit hat sich eine solche Vorliebe für die Rüdesheimer und Binger Gegend in meinem Gemüt ausgebildet, daß ich selbe noch bis auf diesen Tag mit besonderem Wohlgefallen ansehe und besuche."

Als kurfürstlicher Bibliothekar, späterer Kurator und Oberschulinspektor in Frankfurt am Main und guter Bekannter der Familie Brentano bezeugte er seine Rheingau-Begeisterung ab 1804 in den Begleittexten zu den 'malerischen Ansichten des Rheins'. Und dort begegnen wir wieder dem Paradies – mit irdischer Vermessung:

Wer die Rheinfahrt machen will der schönen und großen Naturszenen wegen, die an seinen beiden Ufern in den reizendsten Mischungen wechseln, um der hohen Erinnerungen willen, die sich an seine Umgebungen anknüpfen, der wähle Mainz zu dem Punkte seines Ausflugs und endige mit Düsseldorf, wo die schöne Natur von ihm Abschied nimmt und ihn der Führung ihrer Zwillingsschwester, der Kunst, überläßt.

Diese Strecke von ungefähr sechzehn Meilen enthält das Paradies von Deutschland. Hier wurde der erste heiße Kampf um unsere Freiheit gekämpft, hier ging der edle Drusus über den Rhein, ein Römer, als schon keine mehr waren, und wert, für die Sache seiner Feinde zu kämpfen. Hier stand die Wiege Karls des Großen; von hier aus ging die Erfindung der Buchdruckerkunst und mit ihr die Kultur der Erde. Da ist jeder Schritt heiliger Boden, da wechseln die farbenlosen Bilder Ossians mit den anmutigsten Gemälden Virgils, Theokritsche Fischeridyllen mit Armidens Zaubergärten. Von den Felsen winken die Trümmer zerfallener Ritterburgen und erinnern an die Geschichte vergangener Zeit; die Städte zeigen ihre alten Kaufhäuser und Rathäuser als Überreste unsrer Verfassung, von der vielleicht auch bald nichts mehr übrig sein wird als einige Blätter in der Geschichte; Abteien und Landhäuser und fröhliche Dörfer, blühende Weinberge und Eichenhaine mit Druidenaltären, einsame Hirtentäler und lachende Auen und himmelanstrebende Berge; und überall dazwischen das heitere Leben der Menschen, ihr stilles Wirken und ihre laute Freude – dies und was keine Sprache und kein Pinsel nachzubilden vermag, fesselt hier das Auge des erstaunten Wanderers, dem jeder Blick eine neue Schönheit, jeder Ruderschlag einen neuen Genuß bereitet.

Aloys Henninger (1814–1862) war Lehrer an der Realschule Diez und unbeirrbarer Verfechter liberaler Ideen. Das kostete ihn nach dem Scheitern der Revolution von 1848/49 die Anstellung. Fortan musste er als Privatlehrer und freier Schriftsteller durchkommen. Ihm verdanken wir das monumentale Werk 'Das Herzogthum Nassau in malerischen Original-Ansichten...', das 1842 zuerst recht schmal, seit 1853 in erheblich erweiterten Neuauflagen immer wieder erschien. Der Rheingau gehörte seit der napoleonischen Gründung zum Herzogtum Nassau, das 1866 nach dem Sieg Preußens über Österreich von der Großmacht annektiert wurde. Henninger erinnert an besagten Niklas Vogt und kann gar nicht genug Paradiese aufzählen:

Wenn der begeisterte Geschichtschreiber Niklas Vogt, bevor er seine historischen Vorträge begann, seine Zuhörer auf die Rheinbrücke zu Mainz führte, um ihnen ein lebendiges Bild von den Schönheiten des Paradieses zu geben, mit welchem er seine Vorlesungen über rheinische Geschichte zu eröffnen pflegte; um wie viel mehr müßte ich meine freundlichen Leser persönlich zu den schönsten Punkten jener herrlichen Landschaft geleiten, deren Schilderung ich jetzt versuchen soll, während ihre reizenden Bilder doch weder in Worten so treu, wie ihre Geschichte, noch in Farben so treffend, wie ihre Natur, wiedergegeben, sondern nur durch eigne Anschauung in dem ganzen Zauber genossen werden können, der als diesem Winkel der Erde eigenthümlich gerühmt werden muß! – Gewiß, Simrock hatte Recht, als er fragte: „Und dies Tal von Mainz bis Bingen, von Castel bis Rüdesheim, in aller Fülle der Fruchtbarkeit prangend, mit blühenden Ortschaften und leuchtenden Palästen übersäet, sanft angespült von dem schöngewundenen, auenreichen Strome, umkränzt von weintriefenden, anmutig thronenden Hügeln, überwacht von höheren, aus blauer Ferne herüberblickenden Gebirgen, und zuletzt bei Bingen durch ein mächtiges Felsentor geschlossen, wer ist Mann, solch ein Paradies zu schildern?" – Gern möchte ich mich daher begnügen, diese reizende Landschaft mit ihren zahlreichen Verherrlichern das 'deutsche Paradies', oder mit Bulwer gar das schönste Tal der Welt zu nennen; aber die Stahlstiche unseres Werkes dürfen keine Bilder ohne Worte bleiben, und ich muß es daher schon versuchen, den 'unbedenklich schönsten Fleck Erde in Deutschland' wenigstens in kurzen Zügen zu schildern, wenngleich, wie W e i t z e l sagt, kein Pinsel, kein Grabstichel, keine Feder ein Bild gibt von dieser großen und reichen Natur.

'Paradies' stammt aus dem Persischen und bedeutet so viel wie 'umzäunter Bezirk'. Wo aber ist der Zaun um das Rheingau-Paradies? Die Stiftsdame und Sagensammlerin Adelheid von Stolterfoth (1800–1875) verfasste 1838 die erste landeskundliche Schrift über den Rheingau: 'Beschreibung, Gedichte und Sagen des Rheingaues und Wisperthales'. In der Frage des Paradies-Zaunes hilft sie uns weiter und beschreibt das berühmte 'Gebück':

Das Ländchen hatte sich durch frühzeitige Kultur reiche Besitztümer und mit diesen viele Rechte und Freiheiten erworben. Um es vor den Einbrüchen äusserer Feinde zu sichern, so ward nach dem Vorbilde des durch Kaiser Trajan errichteten Pfahlgrabens im elften Jahrhundert ein Verhag, das Gebück genannt, welches man später an vielen Stellen mit Türmen und befestigten Pforten versah, längs seinen Grenzen angelegt. Dieses Gebück, das den Rheingau in eine Festung verwandelte, bestand aus tiefen Gräben und einem fünfzig Fuss breiten District des Waldes, den der Rheingau umzog. Man warf die in diesem Bezirk stehenden Bäume in verschiedener Höhe ab, liess solche neuerdings ausschlagen und bog die hervorgeschossenen Zweige zur Erde nieder. Diese wuchsen in der ihnen gegebenen Richtung fort, flochten sich dicht ineinander und brachten in der Folge eine dicke verwickelte Wildniss hervor, die Menschen und Pferden undurchdringlich war.

Bei Niederwallauf fingen die ersten Befestigungen dieser Grenze an. Es waren fünfzehn starke Türme und Bollwerke, von ihrer Form Backöfen genannt. Die letzten Reste derselben, aus einem Turm bestehend, wurden vor mehreren Jahren mühsam zerstört und zu dem Bau der Schlangenbader Chaussee verwendet. Einen heimlichen Ausgang oder Weg durch die Wildnis des Gebückes zu bahnen, war hochverpönt, ja das Abschneiden des kleinsten Zweiges wurde mit zehn Goldgulden gebüsst, und die Haingerichte, welche im dreizehnten Jahrhundert ihren Anfang im Rheingau nahmen, so wie auch die dazu bestellten Aufseher wachten streng über der sorgfältigen Erhaltung und Ausbesserung desselben. Dieses also verwahrte und abgeschlossene Ländchen bildete auch durch seine eigentümliche und höchst freie Verfassung ein für sich abgeschlossenes Ganze, einen kleinen Staat im Staate. Seine Bewohner, denen der fleissige Anbau und die Kultur schon berühmt gewordener Weine Wohlhabenheit, ja selbst so viel Reichtum verschaffte, um an frommen inländischen Klosterstiftungen den tätigsten Antheil zu nehmen, hatten sich, wie schon bemerkt wurde, nach und nach viele Rechte und Freiheiten erworben. Sie durften sich daher einer selbstständigen, von erzbischöflicher Einmischung ganz unabhängigen Verwaltung und Selbstregierung erfreuen.

Versichern wir uns zwischendurch der historischen Tiefe des Topos vom Paradies. Da stoßen wir auf den Mönch Johannes Butzbach (1478–1526) aus Miltenberg. In seinem 'Wanderbüchlein' schwärmt der gelehrte Mönch nicht nur von der schönen Gegenwart, er ruft einen Kollegen, Bartholomaeus Anglicus von den Minoriten, die zu den Franziskanern gehörten, zum Zeugen auf. Bartholomaeus schrieb seinen Text um 1230.

Der Rheingau, in dessen Mitte auf einem Berge unfern des Rheines das Kloster Johannisberg gelegen ist, hat zwar nur eine geringe Ausdehnung von vier Meilen und erstreckt sich von Walluff bis Lorch, der Stadt Bacharach gegenüber. Es ist aber ein gar anmutig Land, mit Wein, Getreide, Waldungen, Wasser und den verschiedenartigsten Obstbäumen reich gesegnet, mit vielen stadtähnlichen Ortschaften übersäet, unter denen zwei besonders bedeutend sind, nämlich Bingen und Elfeld (Eltville). Auch besitzt es als Zierde mehrere Klöster beiderlei Geschlechts, als nämlich Eberbach, vom Orden des heiligen Bernhard, Johannisberg, Rupertsberg bei Bingen, Gottestal und andre. Mittendurch strömt der Rhein, reich an Inseln und Wiesen, wovon einige von beträchtlicher Ausdehnung sind. Das Volk ist hier wohlhabend und tapfer, also daß sie vorzeiten sogar Mainz erobert haben. Es erfreut sich alter Gerechtsame und Gewohnheiten, die von den Altvordern her festgewurzelt sind.

Vier Fürsten haben einstmals versucht, dieses Land anzugreifen: sie mußten zuletzt unverrichteter Sache wieder abziehen. Also stark ist nämlich der Gau bewehrt durch seine Wälder, Berge und Wälle auf der einen Seite, während er auf der andern von dem Rhein umflossen wird. Über den Rheingau schreibt Bruder Bartholomäus der Engländer vom Orden der Minderbrüder in seinem Werke 'Von den Eigenschaften der Dinge' im fünfzehnten Buch, hundertsiebenundzwanzigstes Kapitel, noch folgendes: „Der Rheingau ist ein kleines Gebiet, welches von Mainz abwärts am Ufer des Rheins bis nach Bingen sich erstreckt. Von dem mittendurch fließenden Strom hat es den Namen 'Rheingau' erhalten. Zwar klein ist nur das Ländchen, aber auf beiden Seiten des Rheines bis zu den Gipfeln der Berge hinauf wunderbar lieblich, und so fruchtbar ist die Gegend, daß es nicht bloß die Bewohner, sondern selbst den flüchtig am Ufer vorbeiziehenden Wanderer ergötzt und anmutet wie eine Heimat unnennbarer Lust. Der Boden ist daselbst so üppig und ergiebig, daß er Getreide und Obst in ebenso großer Fülle wie Schnelligkeit hervorbringt. Auf demselben Grundstücke erzeugt derselbe die verschiedensten Obstsorten ebenmäßig wie Nüsse. Bei allem Obstreichtum fehlt es gleichwohl nicht an Getreide. Auch hindert die Obstbaumzucht ebensowenig den Weinbau. Im Gegenteil, ein und dasselbe Äckerlein bringt hier Getreide und Wein, Nüsse und Obst, Äpfel und Birnen und mannigfache andere Erzeugnisse hervor. Warme Heilquellen, nützlich für allerlei Übel des Körpers, entspringen hier dem Innern der Erde. So bietet dieses Land noch manches für die Bedürfnisse und Freuden des Lebens, welches alles im einzelnen zu erzählen zu weit führen würde."

Was wäre ein Irdisches Paradies ohne Bewohner? Johann Kaspar Riesbeck (1749–1786) führt die starke Konstitution der Rheingauer auf ihr favorisiertes Getränk zurück:
Die Rheingauer sind ein schöner und ungemein starker Schlag Leute. Auf den ersten Blick sieht man, daß ihr Wein Geist und Körper wohl bekommt. Sie haben sehr viel natürlichen Witz, eine Lebhaftigkeit und Munterkeit, die sie vor ihren Nachbarn auszeichnen. Man darf sie nur mit verschiedenen der letzteren verglei-

chen, um sich zu überzeugen, daß die Weintrinker den Bier- und Wassertrinkern, und die südlicheren Völker also den nördlicheren an natürlichen Kräften der Seele und des Körpers überlegen sind. Wenn die Weintrinker auch nicht so fleischig wie die Biertrinker sind, so übertreffen sie doch dieselben an Lebhaftigkeit und Güte des Blutes und dauern in der Arbeit länger aus.

Über die Schatten des Paradieses vom Rheingau finden sich weit weniger literarische Zeugnisse. Das Herzogtum Nassau indes zählte zu den Armenhäusern Deutschlands. Die Auswanderungsquote war hoch, vor allem unter den Bauern, die nach mehreren Missernten von ihren Erträgen nicht mehr leben konnten. Aber auch den kleinen Winzern ging es nicht besser; Karl Julius Weber (1767–1832) beklagte schon 1828 in seinem Werk 'Deutschland oder Briefe eines in Deutschland reisenden Deutschen':

Arme Winzer! Ihr hängt oft viele 100 Fuß hoch wie Ziegen an steilen Felsen über dem Strom, macht Mauern und Flechtwerke, damit Erde und Rebe fest halten, schleppt Erde hin, wo keine ist, selbst in Körben zwischen die Felsspalten, und wie selten wird euer Fleiß belohnt! Es kommen Mißjahre, ihr borgt, und Borgen macht Sorgen.

Der Begründer der Volkskunde in Deutschland, der aus Biebrich stammende Wilhelm Heinrich Riehl (1823–1897), schrieb 1853 in seinem Standardwerk 'Land und Leute. Erster Teil der Naturgeschichte des Volkes als Grundlage einer deutschen Sozialpolitik':

Es ist ein altes Lied, daß der Rheingau kranke an einseitiger Überkultur, denn es wird bereits seit dem 15. Jahrhundert gesungen. Schon damals standen Gewerbe, Ackerbau und Viehzucht in keinem Verhältnisse mehr zu dem Übermaß der Weingärten, schon damals war der Weinbau eine Manie geworden, und das Volk verarmte und verdarb, weil es von der fixen Idee nicht lassen konnte, daß aus jeder Scholle Landes ein Weinbrunnen rinnen müsse.

Wir haben hier eine ganze Bevölkerung vor uns, welche jenes soziale Elend, das uns ein modernes dünkt, bereits seit Jahrhunderten ausstudiert hat, ein Bauernland, welches schon seit vielen Menschenaltern gerade den Fluch am schwersten trägt, den man sonst von den bäuerlichen Gegenden am meisten weggenommen wähnt, den Fluch des Mißverhältnisses zwischen der Rente des Kapitals und dem Lohn der Arbeit. Wie jetzt der rheingauische Winzer nach Nordamerika und Australien auswandert, um zu versuchen, ob er dort leichteren Herzens die Frucht seines Weinstocks brechen könne, so ist er schon im 12. und 13. Jahrhundert nach Sachsen und Hessen, ja nach Brandenburg und Pommern hinausgezogen, wo er Weinbaukolonien gründete, die freilich längst zu Grunde gegangen sind. Aber bestehen blieb der Weltruf, welchen diese Auswanderer den Produkten ihres heimatlichen Bodens gewannen und die Absatzwege, welche durch sie denselben geöffnet wurden.

Die Überkultur bedrängt schon seit unvordenklichen Tagen diesen Landstrich. Aber erst in neuester Zeit ließen sich die Bewohner durch die bitterste Not zwingen, hier und da zu einfacheren, gröberen Formen des Anbaues zurückzukehren und zu dem Weine sich auch ein Stück Brot zu suchen. Im Namen der höheren Kultur rodete man Weinberge zu Kartoffeläckern und Kornfeldern um, und freute sich des Gewinnes, als ob man eine Wüstung gerodet hätte. Wenn man sonst im Rheingau einen Mann als recht nachlässigen, liederlichen Wirtschafter bezeichnen wollte, so sagte man von ihm: „Er pflügt seinen Weinberg". Jetzt hat das Pflügen des Weinberges aufgehört eine Barbarei zu sein, denn aus den Furchen des Pfluges wächst doch vielfach da ein gewisses Stück Brot, wo vordem aus dem mühseligen Häufelwerk der Weinbergshaue nur der gewisse Bankrott aufgesproßt war. Der Viehstand der meisten Weinbauern war bisher viel zu klein – nicht erst seit gestern, sondern bereits seit Jahrhunderten – und doch beginnt man jetzt erst den Zauberkreis der Weinberge zu durchbrechen und prosaische Kleeäcker und Wiesengründe anzulegen.

Gleich hinter dem Johannisberg wurde im Spätsommer 1850 der Wanderer durch den Anblick eines weitgedehnten Berghanges überrascht, auf welchem sich tausende von kleinen qualmenden Feuern aneinander reihten, zur Nachtzeit anzuschauen, als habe hier ein Kriegsheer sein Lager aufgeschlagen, während sie bei Tag dem von der Höhe Herabsteigenden das ganze Rheintal in die dich-

teste Rauchhülle versenkten. Es war dies ein großartiges Rodungsfeuer, welches die auf kleine Pyramiden gehäuften Rasenstücke
samt dem endlosen Wurzelwerk eines buschigen Waldbodens verzehren und so die Fläche zum ersten Umbruch fruchtbar machen
sollte, ein Rodungsfeuer, nicht, wie in Amerika, wider die uralte
Wildnis gerichtet, sondern wider das Elend der Überkultur, wie es
in den angrenzenden königlichen Rebenhügeln des Johannisberges
unter goldgleißender Hülle sich verbirgt. Die alten Rheingauer
würden sich allesamt im Grabe umdrehen, wenn sie erführen, daß
man Anno 1850 an den Grenzfurchen des Johannisberges neue –
Kartoffeläcker angelegt. Und doch ist es wirklich so geschehen!

Drei ehemalige geistliche Fürstentümer stoßen am Mittelrheine
zusammen: Würzburg, Kurmainz und Kurtrier. Im Rhein-, Main-
und Moseltale fielen die köstlichen Weinanlagen in ihre Gebiete.
Dieser von Südost nach Nordwest weithin gestreckte Länderkom-
plex bildet den eigentlichen Kern des westlichen Mitteldeutsch-
lands. Hier ist seit Jahrhunderten der Ackerbau selbst eine Luxus-
industrie geworden; der Winzer spekulierte im Mittelalter schon
auf die Schwelgerei der zahlreichen Fürsten und Edeln, die sich hier
ringsum zu Dutzenden angesiedelt hatten, und auf die durstigen
Kehlen in den reichen norddeutschen Handelsstädten. Kam die
Zeit der Not, dann brauchte Niemand mehr seinen Rheinwein zu
trinken und der Weinbauer trank sich an seinem eigenen Gewächs
zum Lumpen. Reiche und arme Leute gibt's in diesen gesegneten
Gauen des Mittelrheins und seiner Seitentäler seit uralten Tagen,
aber keinen festen Mittelstand. Hier ist für Deutschland eine der
Stammburgen des vierten Standes. Der Weinbau setzte bereits das
ganze Elend des industriellen Proletariates in die Welt, als es noch
gar keine moderne Industrie gab. Dem traubenreichen Maingrund
zur Seite aber liegt auf würzburgischem und kurmainzischem Gebiet Rhön und Spessart mit ihrer verkümmerten Bevölkerung, dem
üppigen Rheingau zur Seite im Taunus der Hungerbezirk des ehemaligen kurmainzischen Amtes Königstein, und an die Weintäler
Kurtriers grenzt der arme trier'sche Anteil des Westerwaldes und
die noch viel ärmere Eifel und der Hunsrück. So haben wir hier in
den Tälern den Humor und auf den Bergen die Tragik des Elendes

beisammen. Der eigentliche Mittel- und Knotenpunkt dieser merkwürdigen Ländergruppe ist unser Rheingau.

*Zum Abschied vom Paradies Rheingau, in das wir im folgenden
allerdings in anderen Worten immer wieder zurückkehren werden,
soll Adele Schopenhauer (Tochter von Johanna S., 1796–1849) zu
Wort kommen, weil sie eine hübsche Formulierung gefunden hat:*

*„Hier sitze ich im Paradiese, im lieben Gott seinem Lieblings-
ländchen, im Trost für jeden Schmerz und denke an alles Schöne,
was ich gestern sah …"*

*Zum Schluss dieses Eingangskapitels sollen ausführlicher zwei große
Kenner des Rheingaus zu lesen sein, die aus der Literatur dieser –
wie wir nun wissen – paradiesischen Gegend nicht fortzudenken
sind: Alfons Paquet und Karl Korn.*

*Paquet (1881–1944), der aus Wiesbaden stammt, war ein weitgereis-
ter Dichter und Journalist. Besonders mit seinen stilbildenden Rei-
sefeuilletons konnte er sich einen Namen machen. Als seine illus-
trierte Schrift 'Der Frankfurter Rundhorizont. Fahrten in weite
Landschaft' 1937 erschien, wurde er gerade aus nationalsozialisti-
scher Haft entlassen. Aus dieser Schrift nehmen wir das Kapitel über
den Rheingau.*

Der Rheingau

Wir finden das reizend und warm gelegene Schlangenbad in voller
Vorbereitung für die Kurzeit. Alle Fensterläden sind hochgezogen,
die Zimmer nach der langen Winterruhe geöffnet, die Betten und
Teppiche auf den Veranden ausgelüftet. Tische und Stühle stehen
schon im Freien, die Gärten stehn in Blüte, die Waldwege, soweit
sie noch Zugänge in die Tiefe der Wälder sind, sind gefegt. Nun
fährt der Wagen das Tälchen hinab. An der Straße liegt das alte
Schmalspurgeleise. Der Weg geht an Mühlen, an Wiesen mit Schaf-
herden und an Waldsäumen entlang; er führt über eine niedere Paß-

höhe. Es ist wohl kaum eine Viertelstunde Fahrt bis in die freundlich geöffneten Straßen von Eltville, die nach dem Rande zu aus gelben und rosafarbenen Ziegelhäusern bestehen. Über die Gartenzäune hängen Flieder, Goldregen und Rotdorn in südlicher Pracht. Wir stehen an einem Kreuzweg, vor einer Auswahl von Landstraßen in den Rheingau.

Eine, die alte Landstraße, kaum höher als die grünen Auen des Rheinufers, führt an der Lehne der Weinberge entlang, an Zehntausenden, Hunderttausenden von Weinstöcken hin, die sich in immer neuen schnurgeraden Reihen dem Beschauer zuzuwenden scheinen. Hier sprossen, erst am Boden sichtbar, die Rebenpflanzen und schlucken die kräftige Sonne. Von Eltville, das früher Elfeld hieß, bis Erbach und bis Hattenheim dehnt sich an der Landstraße die lange schützende Mauer. Sie erinnert an das Gebück, das einst den ganzen, vor allen deutschen Gauen als Königsbesitz ausgesonderten, fast italienisch warmen Rheingau vor der Habgier der Nachbarn und der umherziehenden Kriegerscharen schützte. Das Gebück war eine mit lebenden Baumstümpfen solid in den Boden gerammte, mit ihren Zweigen dicht und kunstvoll geflochtene, unübersteigliche Hecke. Man kann es in seiner Urform noch auf der Saalburg bei Bad Homburg sehen. Die Weinbergmauer, an der wir entlang fahren, hat nur an einer einzigen Stelle eine Nische. Dort steht der vor zweihundert Jahren in rotem Sandstein erneuerte Brunnen, der die Grenzmark des Gemeindebesitzes bezeichnet. In der Nachbarschaft dieses Brunnens wächst ein Wein von ausgezeichneter Art und Berühmtheit, der Markobrunner.

Unsere Wochenendfahrt ist nicht als Weinreise gedacht, aber werden wir der Versuchung widerstehen, in einem dieser Rheingaudörfer einzukehren, deren lange schmale graue Gassen wir in der Richtung des Rheins durchfahren? Da ragt an einem Hoftor der Besen in die Luft. Hier ist eine der Straußwirtschaften, die einem der kleineren Winzer gehören, die von uralten Zeiten her das Recht haben, ihr Gewächs an Gäste auszuschenken. Sie benutzen für diesen Zweck ein mit einfachen Tischen und Bänken hergerichtetes Zimmer ihrer Wohnung oder auch das Höfchen, oder einen Winkel des Gartens. Man tut gut, sich zum Glas Wein, das man in friedlicher Gesellschaft austrinkt, ein paar Wecken vom Dorfbäcker, vielleicht auch ein Viertel Leberwurst mitzubringen. Das ist nicht gerade die Art, wie Autoreisende sonst einzukehren gewöhnt sind, und wir möchten vom Besuch der luftigeren Rheinterrassen nicht abraten, die sich an die geräumigeren, beschatteten Gärten, an die mit Kies bestreuten Vorplätze der berühmten Gasthäuser in Eltville, Oestrich, Hattenheim, Geisenheim oder Rüdesheim anschließen.

Zumal dort der Blick auf die breite Fläche des Stromes und auf das Leben, das sich immerwährend an ihm abspielt, noch hinzukommt. Stolz fahren die weißen Personendampfer vorüber. Die schwarzglänzenden, mit den Farben ihrer Reedereien gezierten Schlepper ziehen rüstig ein halbes Dutzend Schleppkähne an eisernen Fäden hinter sich her. Die runden dicken Wellen, die am Bug dieser Fahrzeuge entlanggleiten, breiten sich zu flacheren Schleppen aus, auf denen es schön ist, im Kahn zu tanzen.

Herrlich ist die Breite des Rheins bei Walluf. Russische Kriegsgefangene begrüßten einst hier den Strom mit ihren choralartigen seligen Liedern vom Dnjepr, von der Kama und der Wolga. Hier hat das Bild des Rheins seine Größe, und die schmalen, langen, bewaldeten Inseln sind doch geräumig genug, um von Gutsherrschaften und Bauern bewohnt zu werden. Diese Auen liegen wie ankernde Floße in der silberhellen, strömenden Breite. Über den Strom hinweg sieht man schon die Rochuskapelle auf der Anhöhe drüben; fleischrot leuchtet der Steinbruch davor. Im Strom kommen immer wieder Schiffe, diesmal ein Kahn mit breiten rotblauen Streifen um das Heck, und auf dem Heck die Wohnhütte, kreideweiß, mit Blumentöpfen an der Fensterluke.

Aber wir können in Eltville auch die andere, die höhere Landstraße wählen, die über Kiedrich fast am Saum des Gebirges entlangführt und den Blick in die Weite des Tales freigibt. Kenner und Liebhaber des Rheingaues nennen dieses tausendjährige Kiedrich eine Perle. Seine Pfarrkirche mit ihren glühenden Glasfenstern, mit ihrer berühmten Orgel ist eine Insel der Gotik. Ein Engländer hat sich so sehr in das abseitige Nest verliebt, daß er sich dort niederließ und ein Vermögen dafür ausgab, das Städtchen auszuschmücken und seine Kirche wieder instandzusetzen. Der Ort nimmt sich von der Autostraße her genau so hübsch aus, als ob man auf einem Feldweg zu ihm käme.

Von Kiedrich geht die schattenlose Landstraße über die von Feldern und Weingärten bedeckte Höhe an der ummauerten Anstalt Eichberg vorbei. Dann ist es nur noch eine Kurve am Wald, und man steht vor dem goldgekrönten Bild der Muttergottes über dem Portal des Klosters Eberbach. Fischteiche und Gärten mit dunklen Ziertannen und Taxushecken umgeben die tiefer gelegene Abteikirche. Maurer und Steinmetzen sind an der Arbeit, das gotische Maßwerk des Seitenschiffes wiederherzustellen und eine innere Mauerwand zu entfernen, die den entweihten Raum in Schuppen und Vorratsräume aufteilte. Die Zugangsstraße, die quer durch die Halle zu den Innenhöfen des Klosters führt, liegt höher als der einstige Boden der Kirche.

Im übrigen ist das Klostergebäude, das einmal eine wahre Kaserne geistlicher Landarbeiter war, im Besitz des preußischen Staates, der nun den Besitz als Domäne bewirtschaftet. Auf der luftigen Terrasse stehen die weißen Tische und Stühle. Man kann die Hallen besichtigen, die über die Brücken und Zugänge her zu betreten sind. Im einstigen Dormitorium, dessen Gewölbe noch barocke Bemalung zeigt, liegen Eicheln in großer Fläche ausgebreitet, Futter für die Wildschweine, die ja dem Kloster seinen Namen gegeben haben. Noch immer werden ein paar Eber im Graben gehalten, man beobachtet die Freßgier und die Eifersucht dieser struppigen Bestien, wenn man ihnen von der Brücke herab ein wenig Atzung zuwirft. Es gibt für die hinabgeworfenen Eicheln einen besonderen Trichter und eine Röhre, die wie ein Dachkändel unten vor der Behausung der Tiere endet.

Sagen und Anekdoten umranken die reiche Geschichte des Klosters. Die Weinversteigerungen, die dort noch jedes Jahr Ende Mai stattfinden, gehören zu den besuchtesten im Rheingau. Dann sitzen auf den strahlenförmig geordneten Bänken des Refektoriums die Händler und Kommissionäre als ernste Weinkenner an den mit Gläsern bedeckten Tischen. Sie lauschen dem Versteigerer, wie einst die Mönche dem Wort des Predigers. Im Keller darunter soll jene hübsche Geschichte von den beiden Mönchen vorgekommen sein, die sich über den Geschmack einer Weinsorte nicht einig werden konnten. Der eine glaubte mehr einen Nebengeschmack von Eisen, der andere Leder herauszuspüren. Bis sich dann, als das Faß leer war, herausstellte, daß ein Schlüssel an einem Lederbändchen in das volle Faß gefallen war. So behielten die Kenner beide recht.

Wir fahren nach Hattenheim hinunter, das mit seinem Schloß Reichartshausen ehedem ein Weinlagerplatz für das Kloster Eberbach war. Es gibt hier mitten im Ort den alten, burgartigen Gutshof der Langwerth von Simmern, die noch zu den großen Weingutsbesitzern des Rheingaues gehören und an einem Teil des Jahres hier ebenfalls nach altem Herkommen eine Straußwirtschaft betreiben. Um nicht gegen viele andere Gasthäuser des Landstrichs ungerecht zu sein, wollen wir die Namen der Krugwirtschaft und des benachbarten Hotels am Rhein nicht nennen, die uns auf der Zunge liegen, aber in beiden gibt es außer gutem Wein auch den behaglichen Aufenthalt in der getäfelten Wirtsstube. Unter den 'großen Sorten', die man hier mit Zutrauen trinken kann, wird man dem Markobrunner begegnen, um dessen Hervorbringung Hattenheim und das benachbarte Erbach sich steiten. Der Wein jedenfalls, den man hier bekommt, ist rein. Die Wochenendfahrt in den Rheingau ist unversehens doch eine Weinfahrt geworden.

Wir bleiben noch auf der Landstraße, die das rechte Rheinufer begleitet. Da wir von dem Gebück erzählten, das in alter Zeit den reichen Sondergau des deutschen Königs, eben den Rheingau, umgrenzte, so soll nachgetragen werden, daß Spuren dieser lebenden Mauer noch heute in dem urwaldähnlichen Gehölz zwischen Erbach und Hattenheim zu finden sind. Man kann dort an alten, schon angefaulten Knorren sehen, wie einst das Geäst und Gezweig der eingepflanzten Buchen so kunstvoll gebunden und verflochten war, daß es kein Hindurchkommen gab.

Auf Hattenheim folgen die miteinander längst zu einer einzigen Ortschaft verschmolzenen, schon den Römern wohlbekannten

Dörfer Oestrich und Winkel. Das von Beetgärten und Obstspalieren breit umgebene Geisenheim schließt sich an, und nun fahren wir an den Glaskästen und Veranden entlang, mit denen Rüdesheim, ganz zum Rhein hingewendet, sich der Aufmerksamkeit und der Einkehr der Ausflügler empfiehlt, die an jedem einigermaßen freundlichen Frühlingstag die Rheindampfer in Scharen besteigen. Diese Rheindampfer! Sie haben ihr eigenes Leben, ihr besonderes Gemisch von Realismus und Seligkeit. Seitdem es Dampfer gibt, dient ein Teil der Dampfschiffahrt auf dem Rhein dem Vergnügen und der Bequemlichkeit reisender Menschen. Es sind breite, weiße Schiffe mit klatschenden Schaufelrädern. In den flachen, winddurchwehten, durch Glasscheiben geschützten Hallen des Vorderschiffs sitzt es sich nicht weniger angenehm als in den wärmeren Regionen des Hinterschiffs an den weißgedeckten, mit Batterien von Weinflaschen besetzten Tischen. Mitschiffs aber, wo an den Stationen das Aus- und Einsteigen, der Anschluß an die Landungsbrücke sich vollzieht, ist um das Maschinenhaus herum die reizvolle Enge der schmalen Durchgänge mit den Kammern und Aussichten an der Seite, und es vermischen sich hier die lockenden Gerüche der Küche mit dem schweren Dunst von Stahl und Öl aus der Tiefe des Maschinenraums. Draußen aber duftet das Wasser, das Holz und der Teer.

Wir fahren rasch durch Rüdesheim, an dem schmalen Saum des Bergvorsprungs entlang. Oben liegt, von dem gegenüber aufgestellten Mäuseturm beobachtet, in kahlen felsigen Weinbergstufen die Ruine der Burg Ehrenfels. Diese längst zerbrochene und verlassene Burg ist einst die wohlbewachte Schatzkammer der Erzbischöfe von Mainz gewesen. Bankschließfächer gab es damals noch nicht. Wenn man einmal nachforschte, welchen einzelnen Zwecken die Burgen dienten, deren Trümmer in unendlicher Kette den Rheinstrom begleiten, man käme auf manche Spur kleinstaatlicher Politik der winzigen Fürsten und Grafen, die einst das ganze üppige Rheinland als das Spielfeld ihrer Interessen betrachteten und sich um den Sinn des Rheines wenig kümmerten, die große Schlagader eines mächtigen Reiches zu sein.

Fast zu einem Dreieck gestaltet, mit der Spitze in das Tal hineingezogen, in das der Wanderer hinabsteigt, wenn er von Rüdesheim her den Gang über die Höhen und die Wälder macht, liegt nun Aßmannshausen vor seinen schieferfarbenen, mit Reben bepflanzten Hängen. Aßmannshausen, einer der wenigen namhaften Orte des deutschen Rotweins, berühmt durch seine Gasthäuser, hat außerhalb des Ortes eine so starke Mineralquelle, daß es sich lohnte, dort ein Kurhaus in einem hübschen Parkgarten zu errichten. Diese Quellen gehören schon zu der Gruppe starker Solquellen, die an der Nahe, jenseits des Rheines, auch in Kreuznach und in Münster am Stein, aufbrechen. Die Aßmannshäuser Quellen, schon im 15. Jahrhundert erwähnt, waren später durch eine Hochflut des Rheins zerstört worden und in Vergessenheit geraten. Erst seit 1873 sind sie wiederhergestellt.

Unser Ziel ist Lorch. Der Rhein zur Linken erscheint uns als eine leere, breite Wasserstraße. Doch in der Nachmittagsbeleuchtung treten bald wieder die Schiffe farbig und rauchend hervor. Ein Nachen, vollbesetzt mit Frauen, die aus den Weinbergen kommen und weiße Kopftücher tragen, fährt seltsam abgehoben in seinem dichten schwarzen Umriß durch den blendenden Glanz an das andere Ufer hinüber. Vor Lorch liegt im Rhein die langgestreckte, von feierlichen, düsteren Baumgruppen bestandene Toteninsel, die eine Zeitlang als der Ort eines nationalen Denkmals ausersehen war. Schon umschließen uns die engen Straßen. Der Bahndamm schneidet Lorch vom Anblick des Rheines ab. Nur ein schmales Vorgelände mit der Allee und den Nachen am Ufer bleibt übrig. Von den alten, hier aufgereihten Häusern ist das in gotischer Zeit gebaute Hilchenhaus das reichste und prächtigste noch heute. Die ansteigende Gasse daneben erinnert an einen italienischen Gebirgsort. Doch die Trinkstube mit ihrem schweren Gewölbe und ihrem behaglichen Gestühl könnte nicht deutscher sein – kühl und schattig im Sommer, im Winter durch ihren Ofen und ihre in die Winkel eingebauten Eichentische eine herrliche Zuflucht vor den Stürmen und dem Schneetreiben des Rheintales.

Dieses mittelalterliche Lorch mit seinen Gassen, die ein wenig in das Tal und über die Mündung des Wisperbaches hinweggebaut sind, liegt zwischen Bergkuppen, von denen die eine immer wieder einmal durch einen Erdrutsch die Häuser gefährdete. Das Tal aber, das sich hier mit schmalem Zugang öffnet, um tief in den Taunus hineinzuführen, gehört zu den stillsten und schönsten, die der Frankfurter Rundhorizont aufzuweisen hat. Die Landstraße geht am Boden dieses Tales fast ununterbrochen an Wäldern und Wiesen hin. Eine Zeitlang wird sie von einem Schmalgeleise begleitet, auf dem kleine Rollfuhrwerke, von Pferden gezogen, den Transport von Baumstämmen besorgen. Ohne Stadt, ohne Industrie ist dieses Tal mit seinem klaren, oft von Erlen bestandenen Bach. In dem Wisperwind, der diesem Tal den schönen Namen gegeben hat und der als kühler Fallwind gegen Abend von den Wäldern niedersinkt, um gegen den Rhein zu verströmen, weht ein Hauch des Volksliedes vom kühlen Wiesengrunde.

Karl Korn (1908–1991), der wie Paquet aus Wiesbaden stammt, verbrachte seine Kindheit und Jugend im Rheingau. Als Autor und Philologe interessierte ihn vor allem das Nachbarland Frankreich. 1949 war er Mitbegründer und bis 1973 Mitherausgeber der Frankfurter Allgemeinen Zeitung.

1946 erschien sein Buch 'Rheingauer Jahre', 1957 die 'Lange Lehrzeit'.

Eine Kindheit im Rheingau

Zuerst gingen wir etwa eine halbe Stunde wispereinwärts. Das Tal hat einen schmalen Wiesenboden, und die Hänge, mit Laub- und Tannenwald abwechselnd bestanden, stiegen steil an. An der Straße, die ziemlich belebt ist und nach dem Taunuskurort Langenschwalbach führt, lagen ein paar Mühlen, und eine uns Buben sehr fesselnde Schmalspurbahn fuhr Kohle oder Schnittholz in eine nahe Essigfabrik. Am Heiligkreuz verließen wir das Wispertal. Das Heiligkreuz ist eine schlichte Wallfahrtskapelle, deren hohes Dach versteckt hinter noch höheren Tannen liegt. Um die Kapelle herum waren an den Weg zu einem sanft ansteigenden Hügel die vierzehn

Leidensstationen gebaut. Es waren massive Steinhäuschen aus grauer Schieferwacke mit jeweils einem Schieferdach und darunter einer Bildnische, worin ein etwa meterhohes Relief je eine Station des Kreuzwegs Christi darstellt. Hier zweigte unser Weg links ab.

Wir passierten diese Stätte und schlugen uns in die Stille der Schieferberge. Die Straße, die für Bauernfuhrwerk ausreicht, führt hart am Hang in zahlreichen Kehren und Wendungen auf die Höhe. Das Erlebnis dieses einzigartigen Wegs ist mir unvergeßlich. Wir gingen an der Bergwand immer höher mit der Straße ansteigend und ließen das enge Sauertal, das nach einem an seinem Ursprung entquellenden Sauerbrunnen so heißt, immer tiefer zu unserer Linken. Mitten im Sauertal aber lag versperrend und den Horizont derer, die da zur Höhe wanderten, abschließend ein steiler Bergkegel mit einer ungewöhnlich imposanten Burg als Bekrönung. Das war die Sauerburg, die Jahrhunderte lang denen von Sickingen gehört hatte. Ein Bergfried von mächtiger Massigkeit und beträchtlicher Höhe ragte über dem sehr breit angelegten Gemäuer der dem Talausgang zugewandten Pallasfront. Die Burg war auf den alten Grundmauern wiederaufgebaut – nicht in dem fatalen Stil der Blechgotik des Schlößchens Rheinstein gegenüber Aßmannshausen oder des Stolzenfels, auch nicht à la Bodo von Ebhardt wie die pedantisch rekonstruierte Marksburg, sondern in einem gewissen Sinne modern und doch landschaftsecht, weil Fachwerk und Schieferwacke verwandt waren. Auf dieser noch immer drohenden Burgeinsiedelei saß damals irgendein Sonderling, den die Bauern den Legationsrat nannten und dem wohl die diplomatische Karriere zuviel Unruhe und Weltläufigkeit bedeutet hatte, sonst hätte sich der Mann nicht in diese Weltabgeschiedenheit zurückziehen mögen.

Die Sauerburg lag dem Wanderer, der aus dem Wispertal in dieses abgeschiedene Seitenteil eingebogen war, anfangs hoch in der blauen Luft vor den Blicken, ein Bild wie von Moritz von Schwind, eine Märchenburg auf hohem Fels. Aber langsam kam man im Höhersteigen den Serpentinen des Weges folgend näher an das Bauwerk heran. Die Burg verlor an Höhe, was der Wanderer selbst im Steigen gewann. Und dann war, für mich immer aufs neue eine Art von Überlistungsspiel, der Augenblick mit einem Male da, wo man auf der gleichen Höhe mit dem Bergkegel und der Burg angelangt war. Da die Burg aber auf einem von unserer Seite aus unzugänglichen Kegel lag, blieb immer ein tiefer natürlicher Graben zwischen dem einsamen Bergsitz da drüben und uns, die wir an der entgegengesetzten Bergwand mühsam hochkraxelten. Ich habe die Sauerburg oft in mein Skizzenbuch gezeichnet. Es ist mir noch in Erinnerung, daß der kolossale Bergfried inmitten einen wohl aus dem Jahrhundert der französischen Burgenzerstörungen am Rhein stammenden Längsriß hatte, der dem Gemäuer eine verwegene Kontur gab. Fast ebenso erregend war der Blick hinunter ins schluchtartig enge Sauertal, wo das gleichnamige Dörfchen in der Rinne des natürlichen, um die Sauerburg herumlaufenden Grabens sich duckte. Das waren Häuserchen wie aus der Spielzeugschachtel.

Sehr schön war vor dem Dorf am schrägen Hang der Sauertaler Friedhof zu sehen, in dessen einer Ecke drei hohe dunkle Tannen standen. Mein Vater hatte uns einmal durch das tiefliegende Dorf geführt und auf dem Kirchhof das Grab des letzten Sickingen gewiesen, der da etwa um 1830 bestattet worden sein mag. Der war, wie die Inschrift auswies, ein Franz von Sickingen wie sein berühmter Vorfahr aus den Bauernkriegen. Es hat auf uns Jungen einen tiefen Eindruck gemacht, als uns der Vater die merkwürdige Inschrift lesen ließ: „Er starb im Elend." Bei den Bauern ging die Sage, daß dieser letzte Herr, der wohl durch die Ereignisse der Napoleonischen Kriege um die Reste seiner einstigen feudalen reichsunmittelbaren Existenz gekommen sein mochte, der letzte aus einem berühmten Geschlecht, elend in einer Sauertaler Scheuer gestorben sei. Es war leider nichts Näheres über diesen merkwürdigen Mann, den das Schicksal geschlagen zu haben scheint, zu erfahren, und wir Jungen spannen um so eifriger mit der Phantasie an dem harten Satz: „Er starb im Elend."

Dazu paßte der Charakter des Dörfchens Sauertal ausgezeichnet. Denn es war mangels jeglicher Feldflur kein Bauerndorf, sondern das ärmste an Siedlung, was ich je gesehen habe, ein Dorf von Bergleuten, die in den nahen Schiefergruben arbeiteten.

Nun muß man wissen, daß es wohl unter der Sonne keinen armseligeren Bergbau gibt, als den nach dem Schiefer. Da versagen alle

Metaphern vom schwarzen Gold, und da ist eine Stufe der Arbeit noch nicht überwunden, die man steinzeitlich nennen möchte. Das Produkt, der Schiefer, mit dem in der Gegend dort nicht bloß die schwarzblauen Dächer, sondern auch die Wetterseiten der Bauernhäuser bekleidet sind, war so billig und Konjunkturschwankungen des Marktes so unterworfen, daß nur wenige, dem Bankrott nahe und mit den knappsten Löhnen noch kargende Unternehmer an diese Form von Ausbeute des Bergs herangingen. Mit dem Vater sind wir oft in die von Nässe tropfenden, dumpfigen Stollen einige zehn Meter weit hineingegangen. Weiter kamen wir nicht, weil wir keine Grubenlampen hatten. Daß sich überhaupt Männer finden, die dieses armseligste aller Gewerbe betreiben, liegt an der bis ins Groteske gehenden fränkischen Erbteilung, die in den nassauisch-rheinischen Gegenden üblich ist. Wenn im Rheingau oder am unteren Main die Teilung so winzig kleine Gütchen ergibt, daß man nicht mehr davon leben kann, nun, dann gehen die Männer in die Fabrik, die im Lande 'Fawwrik' heißt und meist etwas mit der Chemie zu tun hat. Hunsrück und Schiefergebirge aber zu beiden Seiten des tiefeingeschnittenen Rheins zwischen Bingen und Koblenz sind karge Gegenden, in denen es keine Schlote und keine Chemie gibt. Nur ein Reichtum ist da: Wald, viel Wald. Der reicht aber nicht aus, um die überzähligen Existenzen aufzunehmen, die in den Höhendörfern kein Auskommen mehr finden. Und so gehen sie denn in den Berg, Schiefer zu graben und zutage zu fördern. Ständig sind die Grubenbesitzer vom Bankrott bedroht, und die Bergleute bangen um das trockene Brot. Wenn sie reich sind, dann haben sie eine Ziege und eine Wiese, wo sie für den Winter Heu machen können. Es war ein Elendsdorf, dieses Sauertal zu Füßen der gewaltigen Burg, und die triste Inschrift auf dem Grabstein des letzten feudalen Sickingen stimmte zu den verfallenden Hütten des kleinen Nests. Zum erstenmal habe ich in diesen primitiven Verhältnissen auch die soziale Seite des Elends gesehen. Die Sauertaler waren im Verruf, Menschen zu sein, vor denen die Bauernhöfe auf den Höhen nicht sicher seien. Und von dem Sauertaler Lehrer hieß es, er hetze die Bergleute gegen die Kirche auf und habe das Kruzifix aus der Schulstube entfernt. Das war seltsam schaurig für mein

Knabengemüt, diese Verbindung von Elend, sozialer Diffamierung und Aufrührertum.

Wir kamen auf die freie Höhe und ließen Bergkegel und Waldschluchten hinter uns. Da oben wehte selbst im Sommer der berühmte frische ‚Überhöher'-Wind. Der Blick war nicht mehr von Bergwänden eingeengt. Die Wälder verschwanden, und die breiten Fluren kündigten, noch bevor hinter der Bodenwelle die Spitze des Kirchturms auftauchte, die nahe dörfliche Welt an. Hier waren wir etwa vierhundert Meter hoch, nach zweieinhalb Stunden Fußmarsch dem Rhein und seiner so belebten Welt völlig entrückt. Es war Sommer, und die Flur zeigte das farbige Bild des Wechsels zwischen hellgelben Getreideflächen und den dunkelgrünen Kartoffel- oder Kleeäckern. Die Haferfelder waren noch zartgrün, und der Weizen, der da oben nur in den Dellen, was die niedriger gelegenen, windgeschützteren und fruchtbareren Senken bedeutet, mischte braungoldene Töne ins Bild. Die Bodenwellen ergaben sanfte Schwingungen, und die knorrigen Apfelbäume zogen ihre gekrümmten Zeilen die Landstraße entlang. Rechts lag ein Hofgut, das die Bauern den Oders nannten, und jenseits unserer breiten Kuppe zogen hinter Talschluchten blaue Bergrücken, die sich tief im Bild staffelten und hie und da die bunten Röcke ähnlicher in der Reife stehender Flurgemarkungen trugen. Die Feldwege konnte man an dem dornigen Randgestrüpp weithin erkennen, und die Luft war hier oben so klar und rein, daß es eine rechte Freude war, sich die Lungen damit vollzublasen. Zur Linken waren Höhen, die der Vater als über dem Rhein, also jenseits gelegen, bezeichnete. Hier und da begegnete uns ein Bauerngefährt, und wir grüßten die Leute, die den Vater kannten und bei aller äußeren Gelassenheit das Ereignis dieses städtischen Besuches sehr genau vermerkten.

Rheinreise

Selten kommen die unterschiedlichen Arten, sich fortzubewegen, in solch idealer Weise zusammen wie im Rheingau. Jede Geschwindigkeit entspricht einem eigenen Wahrnehmungsfluss, arrangiert die gesehenen Bilder auf eigene Weise. Kaum aber kann es schöner sein, als vom Rhein aus auf die Orte, Weinberge und Wälder zu schauen. Dieses wunderbare Gleit-Kino zwischen Mainz und Lorch ist eine Literatur der Augen, und es wundert uns nicht, dass diese kurze, intensive Rheinreise so oft und so unterschiedlich beschrieben wurde.

Beginnen wir mit Johann Kaspar Riesbeck (1749–1786). Seine 'Briefe eines reisenden Franzosen über Deutschland an seinen Bruder zu Paris' erschienen 1783 anonym in Zürich. Die beiden rund 800 Seiten umfassenden Bände lösten auf dem europäischen Buchmarkt eine Sensation aus. Das lag nicht zuletzt am republikanischen Ton des Autors. Solche Offenheit war man nicht gewohnt. Innerhalb kürzester Zeit kamen Übersetzungen in England, Holland, Frankreich, Italien und Schweden heraus. Den Erfolg konnte Riesbeck, den Goethe geschätzt und gefördert hatte, nicht mehr genießen. Einsam und verarmt starb der gerade Zweiunddreißigjährige 1786 in Aarau. Der reisende 'Franzose' aus Höchst äußert sich in den 'Briefen' ausführlich über Mainz, das ihm von weitem am besten gefällt. Der Rhein aber begeistert ihn. In Rüdesheim erlebt er ein Fest, das stark heidnische Züge verrät. Aber man befindet sich ja in gut katholischer Umgebung.

Ich machte vor einigen Tagen mit einer Gesellschaft von hier eine Lustpartie nach dem Rheingau, bei welchem Anlaß ich einem der merkwürdigsten ländlichen Feste beiwohnte, die ich in meinem Leben genoß. Unser Schiff hatte ein besseres Ansehn, als die Fahrzeuge, welche man sonst in Deutschland zu sehen gewohnt ist, und war einem kleinen holländischen Jagdboot ziemlich ähnlich. Als wir die Krümmung passiert waren, welche der stolze Rhein eine gute Stunde unter Mainz gegen Westen macht, hatten wir eine Aussicht vor uns, die man ausser der Schweiz schwerlich in einem andern Lande zu sehen bekommt. Der Rhein breitet sich hier erstaunlich aus, und bildet in seinem trägen Lauf einen See, der hie und da über eine Viertelstunde breit ist, und worauf einige beholzte Inseln schwimmen. Zur Rechten bildet das eigentliche Rheingau ein Amphitheater, dessen Schönheiten weit über alle Beschreibung sind. Bei Walluf, dem ersten Ort des Rheingaues, laufen sehr hohe Berge ziemlich nahe an das Ufer des Stromes her. Von da ziehen sie sich landeinwärts, und bilden einen Halbzirkel, dessen andres Ende 5 Stunden weiter unten, nämlich bei Rüdesheim an das Rheinufer stößt. Das Ufer, die Hügel, welche dieser Zirkel einschließt, und die Abhänge dieser Berge sind dicht mit Flecken und Dörfern besäet. Die weiße Farbe der Gebäude und die schönen blauen Schieferdächer dieser Ortschaften nehmen sich in dem mannigfaltigen und durchaus herrschenden Grün dieser Landschaft ungemein schön aus. Längs dem Rheinufer hinab liegt alle Viertelstunde ein Ort, der in jedem andern Lande eine Stadt heissen würde. Mancher enthält 3 bis 4 hundert Familien, und in diesen 5 Stunden langen und in der Mitte ohngefähr 2 Stunden breiten Amphitheater zählt man gegen 36 Ortschaften. Alle sonnigen Abhänge der Berge und Hügel sind ein ununterbrochener Weingarten, der von unzähligen Obstbäumen häufig beschattet ist. Die waldigten Häupter der hintern Berge werfen ein gewisses feierliches Dunkel über die sonst sehr lichte Landschaft, welches eine vortrefliche Wirkung tut. Hie und da laufen stärkere Arme von der hohen Bergreihe an das Ufer her, und ragen über die niederern Hügel majestätisch empor. Auf einem solchen Bergarm liegt, beinahe in der Mitte des Rheingaues das Dorf Johannesberg, welches einen der edelsten Rheinweine erzieht. Vor diesem Dorf liegt auf einem runden und schöngestalteten Hügel, nahe am Ufer des Stromes ein gräflich Stadionisches Schloß, welches der Landschaft umher eine unbeschreibliche Pracht gibt, und fast in jedem Ort erblickt man ein grosses herrschaftliches Gebäude, das ihm ein reicheres Ansehn leiht. Dem Halbzirkel der Berge, welcher es gegen die kalten Ost- und Nordwinde schüzt, und dem Sonnenschein doch Raum und Spiel genug läßt, hat das Land seinen Reichtum zu verdanken. Die Waldungen und höhern

Abhänge der Berge sind zugleich der Viehzucht sehr günstig, und vermehren den Dünger, welcher in einem Lande dieser Art einen ausserordentlichen Wert hat.

Das dem Rheingau entgegengesetzte Ufer des Stromes ist viel öder und erhöht durch seinen Abstich die Reize desselben. Kaum erblickt man auf dieser, stufenweis sich erhebenden Südseite 4 bis 5 Oerter, die weit von einander entlegen sind. Der grosse Raum zwischen denselben besteht größtenteils aus Heideland und Wiesen. Nur hie und da wirft ein alter Hain dicke Schattenmassen über dieselben hin, und nur sehr sparsam leuchten an einigen Orten Getreidefelder aus der finstern Landschaft hervor.

Der Hintergrund dieser Gegend ist im malerischen Betracht der beste Teil derselben. Ein enger Bergschlund, der sich zwischen Rüdesheim und Bingen perspektivisch zu verengen beginnt, bildet denselben. Senkrecht abgehauene Berge und Felsen hängen hier über den Rhein her, auf den sich hier eine ewige Nacht gelagert hat. In der Ferne glaubt man, der Rhein ströme durch eine unterirdische Höhle aus dieser Landschaft heraus, durch welche er so langsam zu gehen scheint, um ihre Reize in wollüstiger Trägheit desto länger geniessen zu können. Der sogenannte Mäuseturm scheint im Dunkel, welches auf diesem Hintergrund liegt, auf dem Wasser zu schwimmen. Kurz, in der ganzen Gegend ist nicht das geringste, das nicht zur Schönheit und Pracht derselben etwas beitrüge, und so zu sagen notwendig wäre, um das Paradies vollkommner zu machen. – Wenn man in der Mitte zwischen Mainz und Bingen auf dem Rhein fährt, so bilden die Ufer des Stromes ein vollkommnes Amphitheater im Oval, welches eine der malerischesten und reichsten Landschaften ausmacht, die man in Europa sehen kann.

Die Nacht war schon angebrochen, als wir zu Geisenheim ankamen. Ehe wir landeten, genossen wir noch eines sehr seltenen Anblicks. Wir konnten fast die ganze Küste des Rheingaues übersehen, die wie von einer zusammenhängenden Stadt bedeckt war. Die vielen Lichter in den unzähligen Dorfschaften täuschten mich so sehr, daß ich wirklich eine ungeheure Stadt beleuchtet zu sehen glaubte. Der Widerschein dieser Lichter in dem spiegelglatten Rhein begünstigte die Täuschung.

Des andern Tages nach unserer Ankunft gingen wir nach Rüdesheim, wohin uns ein Geistlicher von Mainz eingeladen hatte. Wir fanden eine zahlreiche Gesellschaft bei ihm, worunter auch einige Protestanten waren. Nach dem Mittagessen führte uns unser artige Wirt in einer Prozession, in seinen grossen Saal, woraus wir eine unvergleichliche Aussicht über den hier ausserordentlich breiten Rhein und die Stadt Bingen genossen. Alles schien ein grosses Fest anzukünden, dessen Charakter aber wenigstens für mich immer noch ein Rätsel war. Auf einmal öffnete sich die Türe des Saales. Eine Bande Musikanten ging feierlich voraus, und ihnen folgten 2 hübsche und wohlgekleidete Mädchen, die auf einer mit feinem Leinwand überzogenen Tafel eine grosse Traube trugen. Der Rand der Tafel war mit Blumen bekränzt. Man setzte die Traube mitten im Saal auf eine Art von Thron, der auf einem Tisch errichtet war, und nun erklärte man mir, daß unser Wirt das Fest wegen der ersten reifen Traube in seinem Weinberg angestellt habe, und daß die Sitte, die erste Zeitigung einer Traube zu feiern, bei den Reichen dieses Landes heilig beobachtet werde. Man fand dies Fest um so nötiger, da dieses Jahr die Trauben ausserordentlich spät zu reifen beginnen. Nachdem der Altar des Bacchus errichtet war, hielt unser Wirt eine kleine, aber sehr gute Rede, die dem Charakter der Feierlichkeit entsprach, und hierauf tanzten wir um die Traube herum. Nie, Bruder, hab' ich mit mehr Empfindung getanzt, als hier. Noch macht mich bloß die Erinnerung der lebhaften Gefühle, die sich in diesen seligen Augenblicken meiner bemächtigten, stumm und entzückt. – – – In meiner Republik sollen Feste dieser Art gewiß die einzigen sein. Gibt es ein heiligeres und würdigeres Fest, als wo man dem Schöpfer durch Freude für die Wohltaten dankt, womit er uns selig machen will? – Es war nicht darum, als wenn diese Traube die einzige reife im Weinberg unsers Wirtes gewesen wäre. Wir fanden bei genauer Untersuchung derselben noch mehrere. Demungeachtet zankten wir uns um die Beere der Traube, die wir betanzt und besungen hatten, mit mehr Hitze, als wenn sie orientalische Perlen von gleicher Grösse gewesen wären.

Rüdesheim ist ein reicher Flecken von ohngefähr 2500 Einwohnern. Der hiesige Wein wird ohne Vergleich für den edelsten der rheingauer und aller deutschen Weine gehalten. Ich fand ihn auch viel feuriger, als den Hochheimer; allein in Rücksicht auf Annehmlichkeit des Geschmackes zieh ich den letztern immer vor. Der beste Rüdesheimer wird wie der Hochheimer im Ort selbst zu 3 Gulden p. Maß bezahlt. Für einen Gulden bekommt man hier noch keinen vorzüglich guten Wein, und kaum kann man den für 2 Gulden unter die bessern Weine zählen. Wenigstens würde ich den schlechtesten Burgunder dem Rüdesheimer vorziehn, den ich um diesen Preis sowohl im Ort selbst als auch zu Mainz getrunken. Die Weine unsers geistlichen Herrn Wirtes zeichneten sich freilich von jenen sehr aus, die man in den Wirtshäusern bekommt. Allein er gestand uns selbst, daß er die mehr oder weniger reifen Trauben bei der Lese sorgfältig zu sondern pflegte, und also von der nämlichen Gattung Trauben sehr verschiedene Weine machte. Es ist im Rheingau wie überall. Die bessern Produkte werden gemeiniglich von den mittelmäßigen und geringern Einwohnern verkauft, und die schlechtern für die innere Verzehrung zurükgehalten, weil die Fremden in Betracht, daß die Transportkosten immer gleich sind, lieber die bessern doppelt bezahlen als die schlechtern aufkaufen. Nur bei den Reichen, worunter auch unser Wirt gehört, die etwas für sich selbst und ihre Freunde zurückbehalten, findet man etwas vorzügliches. Aus dieser Ursache habe ich weit ausser der Schweiz die besten Schweizerkäse gegessen, und in den Gasthäusern von Norddeutschland viel bessern Rheinwein getrunken, als in jenen seines Vaterlandes. Die Lage des Landes verteuert auch die Rheingauer Weine ungemein, und befördert ihre Ausfuhr. Dieses Land ist das nördlichste, welches den Wein in Überfluß erzeugt, und der gemächliche Transport desselben auf dem Rhein nach Holland und der übrigen Welt erhöht seinen Preis über seinen natürlichen Wert.

Der Ort, wo die Blume des Rüdesheimer Weines wächst, ist gerade die Erdspitze, welche der Rhein durch seine Wendung nach Norden bildet, nachdem er von Mainz bis hierher nach Westen geflossen ist. Diese Spitze, ein beinahe senkrechter Fels, genießt die erste Morgenröte und die späteste Abendsonne. Sie ist in ganz niedrige und schmale Terrassen eingeteilt, die sich wie eine steile Treppe bis zum waldigen Gipfel des Felsen erheben, auf künstlichen

Mauern ruhen, und auch an vielen Orten durch Kunst und Fleiß mit Erde bedeckt wurden, die oft von einem Regenguß wieder weggeschwemmt wird. Die ersten Setzlinge der Weinstöcke kamen zuverläßig aus unserm Vaterland hierher, und noch nennt man die beste Gattung hier Orleanstrauben. Man zieht die Weinstöcke ungemein niedrig, und selten sind sie über 4 bis 5 Fuß hoch. Diese Art, den Weinstock zu ziehn, ist für die Menge, aber nicht für die Güte des Weines zuträglich; denn die phlegmatischen und schweren Teile desselben würden eher zurückbleiben, wenn die Säfte, woraus er gezeugt wird, durch höhere und mehrere Kanäle sich sublimieren müßten. Dies ist ohne Zweifel eine der Hauptursachen, warum alle Rheinweine etwas herbes, saures und wässerichtes haben. – In den besten hiesigen Weinbergen, welches die niederen an der obbemeldeten Erdspitze sind, ist öfters schon von holländischen und andern Weinhändlern vor der Lese der Stock mit einem Dukaten überhaupt bezahlt worden. Es muß ein reicher Stock sein, wenn er über 4 Maß Wein gibt. – Du kannst dir leicht vorstellen, daß der Weinbau an diesem Ort sehr kostspielig ist, indem der ohnehin sehr teure Dünger von den Bauern auf dem Rücken und mit unbeschreiblichen Beschwerden auf den Berg getragen werden muß.

Nach unsrer Zurückkunft besichtigte ich zu Geisenheim den sehr prächtigen Pallast eines Grafen von Ostein, des reichsten Kavaliers von Mainz, der einige von einem ehemaligen Kurfürsten, seinem Vetter, ererbte Millionen auf Leibrenten in Holland liegen hat. Das Gebäude, in modernem Geschmack, ist immer sehenswürdig; allein, der halb französische und halb englische Garten hatte ungleich mehr Reiz für mich. Hinter Geisenheim ließ der Graf einige Alleen durch einen Wald hauen, worin auch einige Einöden angebracht sind. Die Hauptallee führt auch in einer Krümmung auf die Spitze des Felsens, an dessen Fuß der beste Rüdesheimer wächst. Auf dieser Spitze ließ der Graf eine Terrasse bereiten und mit einem Geländer umfassen, welche eine der entzückendsten Aussichten beherrscht, die ich in meinem Leben sah. Senkrecht über den Felsen hinab übersieht man die Weinberge in Terrassen und schaut in den Rhein, der sich hier wütend durch sturzdrohende

Berge, und die dunkle Nacht, welche sich in ihren Busen gelagert hat, zu drängen beginnt. Die Aussicht, den Fluß hinab, ist schauerlich. Man glaubt, der Rhein suche seinen Weg durch ein unterirdisches Gewölbe, der teils öden, teils waldigen Berge, die über ihn herhangen. Der Fels, worauf man steht, streckt seinen Fuß bis an das entgegengesetzte Ufer, worauf ein andrer abstürziger Berg wie eine ungeheure Säule steht. Der Zusammenhang dieser Berge verursacht einen Fall im Rhein, dessen dumpfes Getöse in der Landschaft eine ungemein gute Wirkung tut. Man hat auf der Rüdesheimer Seite, nahe am Ufer, über welches man auf der Terrasse oben herüber sieht, eine Passage unter dem Wasser durch den harten Felsen durchgehauen, welche für die größten Schiffe geräumig genug und unter dem Namen des Bingerloches bekannt ist. Der Fels, welcher hier den Sturz des Rheines verursacht, ragt in der Mitte des Stromes merklich über das Wasser empor und bildet ein teils nacktes, teils mit Gesträuchen bedecktes Inselchen, worauf der berüchtigte Mäuseturm steht. Aufwärts des Rheines übersieht man den größten Teil des lachenden Rheingaus und das ganze ihm entgegengesetzte Ufer. So schön und mannigfaltig auch diese Aussichten, den Strom hinauf und hinunter sind, so werden sie doch noch von einer andern Partie dieser Landschaft übertroffen, die man ganz gerade auf der Terrasse vor sich hat. Hier sieht man durch einen engen Schlund, durch welchen sich der Fluß Nahe in den Rhein ergießt, und dessen Boden er beinahe ganz einnimmt. Im Vordergrund, wo die Nahe sich mit dem Rhein vereinigt, steht zur Rechten der waldige Bergkoloss, mit welchem der rüdesheimer Fels unter dem Wasser zusammen hängt. Auf der Erdspitze zur Linken liegt die Stadt Bingen am Fuß eines andern Berges, den die Trümmer eines alten Schlosses krönen. Der Schlund selbst ist öde und dunkel, und beinahe eine halbe Stunde lang. Nur die roten Schiefersteine eines Berges in demselben und ihr Schutt sticht mit der auf der rechten Seite durchaus herrschenden Waldung, und mit der teils kahlen und geringern, teils mit Weinstöcken besetzten Bergwand zur Linken, ein wenig ab. Mitten in diesem Schlund geht eine alte Steinbrücke über die Nahe, die von ihrem Erbauer, dem Drusus Germanicus, noch die Drususbrücke genannt wird, und das Malerische der Landschaft ungemein erhöht. Am Ende des Schlundes ist eine Mühle über den ganzen Fluß gebaut, die in dickem Grün nicht weniger pittoresk als die Drususbrücke ist. Allein der Hintergrund dieser Landschaft ist der interessanteste Teil derselben. Der Naheschlund ist wie ein Sehrohr, durch welches man in die lachendste Landschaft hinschaut. Das starke Licht, die blaue Ferne der Berge und Hügel, einige schöne Dörfer und sanftes Gehölze, und Weinberge um dieselben kündigen an, daß das Land hinter diesem finstern Schlund sich sehr verebnet und weit ausbreitet.

Die Stadt Bingen, welche nebst einem Rheinzoll, der jährlich gegen 30 000 Gulden abwirft, dem mainzischen Domkapitel zugehört, ist ziemlich schön, und enthält ohngefähr 4500 Einwohner. Von hier wird ein grosser Theil des Rheingaues mit Getreide aus der benachbarten Pfalz versorgt, wogegen die Stadt Spezereien und verschiedne fremde Fabrikwaren den Pfälzern zurückgibt. Dieser Handel macht sie ziemlich lebhaft. Nebstdem hat sie sehr ergiebigen Weinbau. Der Berg, an dessen Fuß sie liegt und dessen eine Wand den Schlund bildet, wodurch die Nahe sich in den Rhein ergießt, bildet hinter demselben eine andre steile Wand, welche mit dem Rhein und dem goldnen Rüdesheimer-Berg parallel steht. Sie genießt deswegen mit diesem gleiche Sonne, und der Büdesheimer Wein, welcher auf derselben wächst, gibt dem Rüdesheimer wenig nach.

Nachdem ich die Reize dieser ungemein schönen Landschaft einige Tage lang genossen hatte, trieb ich noch einige Tage durch die Dörfer des Rheingaus herum. Auch hier überzeugte mich der Augenschein, daß der Weinbauer nicht der glücklichste ist. Die Einwohner sind teils unmäßig reich, teils unmäßig arm. Der glückliche Mittelstand ist nicht für Gegenden, deren hauptsächlichstes Produkt der Wein ist. Nebstdem, daß der Weinbau ungleich mühsamer und kostbarer ist, als der Getreidebau, so ist er auch Revolutionen unterworfen, die den Eigentümer eines Gutes auf einen Schlag zu einem Taglöhner machen. Ein besonderes Übel für dieses Land ist, daß man dem Adel gestattet, zu viel Güter zu kaufen, obschon dieser Ankauf durch ein Gesetz eingeschränkt ist. Die Familienverbindungen der Erzbischöfe zwingen sie, zu oft durch die

Finger zu sehn. Ein kleiner Bauer steckt vor der Weinlese gemeiniglich in Schulden, und wenn dann diese nicht reich genug ausfällt, so ist er auf einmal ein Taglöhner, und der Adelige oder Reiche erweitert seine Besitzungen durch den Sturz desselben zum Nachteil des Landes. Es gibt zwar viele Bauern hier von 30, 50 bis 100 tausend Gulden Vermögen, die das Air von Bauern abgelegt und jenes von Weinhändlern angenommen haben; allein, so beträchtlich auch ihre Anzahl ist, so tröstet sie den Menschenfreund doch nicht über den Anblick so vieler ganz armer Leute, wovon manche Dörfer wimmeln. Zur Aufrechthaltung des Wohlstandes in einem Lande dieser Art wird eine großmütige landesfürstliche Kasse erfodert, die den geringen Bauer im Notfall unterstützt, mit einer genauen Aufsicht auf die Wirtschaft desselben verbunden ist, die reichen Weinlesen abwarten kann, und in Mißjahren die Interessen durch keine strengen Husarenexekutionen eintreibt.

Dreißig Jahre später zeigt Ernst Moritz Arndt, dass ihm die nationale Sendung, die antinapoleonische Propaganda in den Befreiungskriegen, den Blick auf die unterschiedlichen Schönheiten der Rheinlandschaften nicht verschließt.

1813 publiziert er eine kleine Schrift mit dem programmatischen Titel 'Der Rhein. Teutschlands Strom, aber nicht Teutschlands Gränze'. Stromaufwärts begeistern ihn aber nicht bloß der Anblick, der Wein und die einschlägigen 'Einkehr-Orte'; die kleine Jacht machte große Probleme, denn bis zu den Dampfschiffen sollte es noch ein paar Jahre dauern.

Eine malerische Rheinreise

(...) So krochen wir um zwei Uhr Mittags in glühender Hitze um die reizende Bucht bei der St.-Klemens-Kirche herum und hatten bald links Assmannshausen. Waren vorher die Ufer mit Mauern und Terrassen versehen, so sind sie es hier bis an die äußersten Spitzen. Jeder Fleck, ja selbst jeder schroffste Abhang ist benutzt und gleichsam mit Erde betragen, und diese Sorgfalt der mühseligen Menschen zeigt, daß dieser Boden die Mühe der Winzer lohnen müsse. Auch ist der Assmannshäuser Bleichert als ein trefflicher Wein weit und breit berühmt. In dieser Gegend vor Assmannshausen geht der sogenannte Rheingau an, welchen man füglicher den Weingau nennen könnte, denn die besten Rheinweine werden an diesem Ufer bis nach Mainz hin gebaut. Assmannshausen selbst hat ein ärmliches und kümmerliches Ansehen und bestätigt die alte Wahrheit, daß die armen Menschen immer nur für das Wohlsein einiger Wenigen arbeiten und daß der Winzer selten den zehn- und zwanzigjährigen Wein seiner Mühen zu schmecken bekommt. Bald kamen wir nun an das verrufene Bingerloch, welches seinen furchtbaren Ruf so wenig verdient als der Donauwirbel, aber an Naturherrlichkeit mit diesem nicht zu vergleichen ist. Hie und da sind einige Felsenspitzen sichtbar, und die andern, die zu dieser Reihe und Brüderschaft gehören, liegen ebenfalls höher und zwingen also den Strom, sein Wasser schneller und strudelnder dem Meere zuzujagen. Man sieht die Wellen schäumend und etwas bewegter, und sie reißen das Schiff mehr dem Ufer zu. So sind sie etwa 50 bis 60 Schritt, mehr oder weniger, empört. Wir merkten nur an dem Stöhnen unserer abgetriebenen und gegenan ziehenden Gäule und an dem Schieben der Schiffleute, daß wir im Bingerloch seien. Nicht bloß der schnellere Strom ergötzte das Herz, auch die schöne Aussicht auf Bingen und die verwandelten Uferseiten trugen das ihrige zu einem neuen Leben bei, obgleich Hunger in dem Magen und Dürre in der Kehle war und die Sonne ihre glühendsten Pfeile herabschoß. Diese Binger Krümme ist eine der schönsten, wo nicht die schönste der ganzen Rheinfahrt. Sie ist die Grenze des anmutigen und stillen und des erhabenen und reißenden Rheins. Gleich hinter dem Loch kommt man an den berühmten Mäuseturm des Erzbischofs Hatto von Mainz, der mit seinen grauen Mauern wie die Pfalz auf einem Felseninselchen im Rheine liegt. Links über Assmannshausen hängt der Ehrenfels auf den Rhein herab, ein stattliches altes Schloß, welches mit seinen Türmen auf kolossalischen Felsenzacken ruht.

Gegenüber sieht man die Stadt Bingen, ein gar nettes und freundliches Städtchen hart am Rhein, den eine schöne Lindenallee krönt, die längs dem Bollwerk hinläuft. Sie lehnt sich westlich an die kleine Nahe, die hier in den Rhein fällt und über welche eine steinerne Brücke zur Stadt führt. Sie macht ein schönes Hügeltal, das von oben bis unten mit Reben bedeckt ist, die einen guten Wein geben sollen; aber über alle Beschreibung schön ist der dunkle Eichenwald auf der Höhe über den Weinbergen. Über der Stadt liegt der Rupertusberg und die Trümmer des alten Schlosses Klopp romantisch im Vorgrunde, aber das Ufer ist kein Gebirg mehr, sondern besteht aus grünen Hügeln. Links senkt sich das Gestade ebenso, und es fangen die Weinberge von dem nächsten linken Orte Rüdesheim an, und jenseits gegenüber ist der sanfte Rochusberg mit seinem Wallfahrtskapellchen. Rüdesheim ist ein jedem Weintrinker zu merkwürdiger Ort, als daß ich ihn so kurz abfertigen sollte. Seine Weinberge laufen eine gute Viertelmeile am Gestade hin und nach beiden Seiten über den Flecken hinaus und sind mit außerordentlichem Fleiße bearbeitet und ummauert. Man sagte mir, man rechne einen jeden Stock im Durchschnitt einen Dukaten wert; man bedenke also, wie reich derjenige ist, der hier nur einen mäßigen Weinberg besitzt. Unter allen Rheinweinen hat dieser die meiste Kraft und Glut und Schwere und wird alt am teuersten verkauft, obgleich der Johannisberger, Markobrunner, Nierensteiner und Hochheimer früher lieblich werden. Wir hielten hier an, und während die Suppe gekocht ward, machte ich mit einem der jungen Gesellen eine Wanderung durch den Flecken. Wir hatten die Freude, manchen hübschen Gesichtern zu begegnen und manche andre vor den Türen uns Fremdlinge angucken zu sehen und setzten uns dann zum vollen Tische und alten Wein hin, der trefflich, aber doch, wie die Kenner sagten, immer nur vom dritten Range war. Doch mußten wir ihn im Goldnen Löwen gut bezahlen und wurden endlich um fünf Uhr abends wieder flott, um Mainz noch einige Stunden näherzukommen. Aber wie? Es schien, als wenn wir mit unsrer Fahrt durchaus nicht fortrücken sollten. Denn hier im ganzen Neste war kein Gaul aufzutreiben, und unsere waren einmal mit Recht ausgespannt, weil sie in der Tat nicht weiter vorwärts konnten. So mußten sich denn die Schiffsknechte in ihre Seile spannen, weil der größte Teil der Gesellschaft darauf bestand, heute abend bis Eltville zu kommen, um morgen bei guter Zeit in Mainz zu sein.

Von Bingen also beginnt die Fahrt der Lieblichkeit und, man kann mit Recht sagen, aller Lieblichkeit und Anmut der milden und unerschöpflichen Natur, die Mannigfaltigkeit und Schönheit, Jugend und Alter in immer neuen Gestalten zu zeigen weiß. Vorher war die Aussicht sehr begrenzt, und die Erwartung ward durch die Naturwunder und durch die Denkmäler des Altertums herrlich überrascht. Hier ist das schöne Drama ohne Verwicklung, man sieht gleich im Anfang, wie das Ende sein wird; aber so groß ist die Gewalt und der zauberische Reiz der Einfalt und Huld der Natur, so überschwenglich das Gefühl des überfließenden Herzens, daß es sich gern mit seinen süßen Empfindungen hingehen und vom Himmel und Meer und dem Unendlichen, welches in der Natur lebt und schafft, in unnennbaren und unaussprechlichen Gefühlen forttragen läßt. Welch eine neue Welt tut sich auf, sobald man zwischen Bingen und Rüdesheim hinfließt! Der Rhein ist hier nicht mehr der enge und reißende Strom, der nur hohe Felsenufer mit einzelnen Rebenpflanzungen und den ehrwürdigen Resten der Vorwelt sieht. Heiter und freundlich ist seine breite Spiegelfläche, der man es kaum anmerkt, daß sie fortfließt. Weit in die Ferne verfolgt man seinen blauen Lauf, der still und bekränzt wie ein Sommersee fortwallt. Die Borde der Ufer sind liebliche Wiesen mit Pappelbäumen und Weiden, die Berge sieht man nur fernher als ehrwürdige Geistergestalten mit dem Dunst des Abends in eins verschwimmen, und statt ihrer Felsenscheitel laufen sanfte Hügel, mit Korn und Reben bedeckt, vom Gestade empor. Eine stille und buschige Insel folgt auf die andre, um welche die Fluten des Stroms sich mit schmeichelndem Plätschern winden; Gewimmel fröhlicher Menschen und fetter Herden ist am Ufer und das Leben des Fischers mit seinen Netzen und Nachen um die Inseln; die schönsten Dörfer steigen in stolzer Reihe an den Ufern empor, geben mit ihren Türmen und Palästen und schimmernden Dächern der reizenden Natur einen neuen Schwung. So schwimmt der Mensch, im Gewimmel der schönen Welt, vom Jubel und der Geschäftigkeit seiner eignen Gattung umgeben, dahin und vergißt es einige süße Augenblicke, wie diese schönen Ufer des vaterländischen Stromes durch die furchtbare Zeit und den blutigsten aller Kriege geschändet worden sind und noch geschändet werden. Nie war mein Gefühl so sehr das, wie es war um das vierzehnte Jahr meines Lebens, wenn ich an den stillen Tagen des Februars auf der lieben Insel auf Schlittschuhen dahinflog. Ich flog vorüber, aber die Dinge schienen vorüberzufliegen. Die fernen bereiften Bäume standen wie einzeln von ferne aus dem spiegelglatten Meer empor. Die Dreschflegel tönten durch die reine Luft von einer Viertelmeile zu mir, wie die Braken. Jedes Bellen der Jagd, jeder Schuß, jeder rollende Wagen auf gefrorner Straße erreichte mein Ohr. Die Lerchen über mir sangen schon die Hoffnung des Frühlings, unterdessen der Winter mit seinen brennenden Wangen im Nordwesten glänzte. Auch mein Herz klopfte vom großen Gefühle des Lebens und des Frühlings. O daß du ewig währtest, holdes Jugendgefühl!

Sanft fuhren wir zur linken Seite hin, oder vielmehr die Schiffsleute zogen, und die junge reisige Mannschaft ging längs dem Strome hin. Rechter Hand hören hinter Bingen die Rebenhügel auf und werden immer seltener, je weiter man fortsegelt. Die Dörfer sind nicht so dicht aneinander, noch so stattlich als die diesseitigen, und man sieht in mannigfaltiger Abwechslung Streifen Kornfeldes, Heiden und Gebüsche. Diesseits aber von Rüdesheim bis Mainz hin liegen sie in Büchsenschußweite am Ufer hin nahe aneinander, nicht klein und ärmlich, sondern schimmernd und reich, und nicht selten mit stolzen Palästen und Gärten der großen Reichsgrafen und Barone geschmückt. Gleich hinter Rüdesheim hat man das niedliche Nonnenkloster Eibingen, in seinen Reben und Obstbäumen versteckt, und das schöne Dorf Geisenheim, welches bei uns durch seine großen Gebäude und seine Nettigkeit eine Stadt heißen würde; auch sind hier die Paläste mancher Großen, welche in dem höheren Eichenwalde zum Teil ihre Parks haben. Bald hinter Geisenheim gingen wir unter dem Johannisberge hin, dem Könige der rheinischen Reben. Ich segnete diesen holden Sohn der Götter, wie es einem echten Freunde des edelsten Saftes gebührt, mit einer bacchischen Dithyrambe des freudigen Herzens. Es sind die schönsten Hügel von der Welt, und auf ihrer

Spitze liegt das schöne Schloß der Probstei malerisch, und noch malerischer im sterbenden Glanz der Sonne. Den besten Wein trinkt der Fürst von Fulda mit seinen Domherren; denn ihm gehört die Propstei mit dem besten Teil der Berge. Die geistlichen Herren verstanden sich von jeher wohl auf das menschliche Leben, während sie den übrigen Buße und Entbehrung predigten. An einigen niedlichen Dörfern hin kamen wir an den hübschen Flecken Oestrich, dessen Wein, wenn er alt wird, mit zu den vorzüglichsten gehört; und bald von hier nach Hattenheim, noch am Strom, wo der berühmte Markobrunner wächst, der zu den ersten Weinen gehört. Hier ist eine der schönsten Rheingegenden. Breit und sanft schwimmt er mit stillen Fluten hin, und seine schönen Inseln scheinen mit ihm hinabzuschwimmen. Jenseits liegen schöne Hügel mit Kornfeldern und Dörfern, und die pfälzischen Orte Ober- und Niederingelheim, wo Karl der Große und seine ersten Nachfolger in Deutschland oft zu Recht saßen oder auch in süßer Muße wohnten; jetzt ist es öde, aber die unzerstörbare Natur bleibt ihm. So überkamen uns die Schatten der Nacht, wir sahen das niedliche Erbach und die folgenden Dörfer nur noch in der magischen Dämmerung des schönsten Sommerabends und kamen um acht Uhr in dem Städtchen Eltville an, wo wir noch einige Stunden von Mainz Halt machen mußten. So ward aus Abend und Morgen der zweite Tag unsrer fröhlichen Schiffahrt, die eine der anmutigsten der großen Lebensschiffahrt sein wird, ein wärmender Feuerbrand für den Winter des Lebens.

Wir fanden in Eltville alles schon in Ruhe, weil die vorige Nacht unruhige Gäste die Wirte nicht hatten schlafen lassen. Wir hatten unsre liebe Not, die Wirtin und ihre schöne Tochter, und diese endlich nicht weniger, das Feuer auf dem Herde lebendig zu machen. Endlich nach langem Warten ward der Tisch besetzt, und eine Flasche guten duftigen Rheinweins nach der andern ging die Tafel rund und erquickte die verschmachteten Seelen. So ward es halb zwölf Uhr, als wir aufstanden. Wir Rüstigen verachteten den Schlaf von drei, vier Stunden und ließen die Weiber und Schwachen sich niederlegen und saßen trinkend und schwatzend, einige auch spielend, bis vier Uhr morgens. Dann ward Lärm gemacht, Kaffee und

Kirschwasser gegen die bösen Dünste eingenommen, und gegen fünf Uhr fanden wir uns eingeschifft.

Wir hatten nun wieder ein Pferd vor unsrer kleinen Jacht, aber in der Tat schien eine kleine Hexerei auf unsrer Fahrt nach Mainz zu haften. Kaum hatte der Kerl am Rande des Stromes fünfzig Schritt mit dem Gaule gemacht, so ward er kollerig, biß sich fest im Zaum und ging stromein. Der Kerl, um nicht zu ersaufen, sprang ab und rettete sich ans Ufer, der Gaul aber, nun aller Bande frei, schwamm mit Schnauben und Ächzen mitten in den Strom hinein. Das ward ein Geschrei der Weiber und der Ängstlichen, das Tier möchte unser Schifflein umreißen, und der Kühnen und Erfahrnen, es möchte ersaufen. Wir steuerten ihm immer wieder rückwärts mit der Jacht nach, und verlängerten das Zugseil, um es durch Widerstand nicht in die Tiefe zu reißen. Alles ward über diesem Lärm wach und gab seine Stimme der Angst und des Rates. Der Lärm holte endlich Leute herbei, die mit einem großen Boote zum Gaul ruderten, ihm den Kopf emporhielten und ihn so ans Land retteten. So verloren wir beinahe eine Stunde in Todesnöten und Klarmachen, und die Welt war indessen ganz hell geworden. Man sah im schönen Morgenlichte über die Inseln des Rheins die Türme von Mainz herüberschimmern und endlich die majestätische Stadt im hellen Sonnenglanze daliegen. Welch ein Paradies der Natur! Sanfter und sanfter neigen sich die Rebenhügel zu Ebnen und Obstgärten, in weiter Ferne schimmern die usingischen Waldberge und die schönen Berghöhen über der Mainstraße nach Frankfurt, weiter und weiter schlängelt sich der Strom mit sanfter Umarmung um die liebliche Inseln herum. Ein seliges Gefühl beglückte mein Herz. Doch wie ich fortschwamm, verjagten die Trommeln die freundlichen Empfindungen, und jene Inseln und Ufer, welche die Natur zum Sitz der Freude und Ruhe gemacht zu haben scheint, zeigten nur Schanzen und Pallisaden und jene aufgerichteten Feuerschlünde, die hier so viele Kinder Frankreichs und Deutschlands geschlachtet haben. Selbst Mainz, das so herrlich in dem weiten Bette des Stromes zu ruhen scheint, verwirrte alle Bilder der Freude, so wie wir näher kamen. Wir schifften bald an den feinen Ort Walluf an, wo das Land sich immer mehr zur Ebne senkt, und von da an die nassau-usingischen Ortschaften Schierstein und Biebrich, die nahe am Ufer schön gebaut und malerisch mit ihren Inseln und Reben daliegen.

Liebe – heißt es – mache blind. Das mag häufig so sein. Nicht aber bei Ludwig Börne. Zwar gesteht er in seinen Briefen aus dem Rheingau (Eltville hieß zu der Zeit Elfeld) vom Mai 1820 der angebeteten Jeannette, sie verwirre seine Sinne heftig, doch stecken die charmant-witzigen Briefe voller feiner Beobachtungen. Die Unterschiede zwischen den Menschen, Städten und Milieus sieht er ebenso scharf wie die Reize der Landschaft. Schön auch das damals gebräuchliche Wort 'Wasserdiligence'.

Wenn Sie redlich sein wollen, liebe Freundin, müssen Sie eingestehen, daß man am Ufer des Rheins angenehmer erwacht als beim Zinngießer Neef. Geht Ihr Himmel auch nur mit einem Streifchen unter der Serviette hinaus, mit der Sie ihn bedecken können? Als sich meine Äuglein auftaten, fielen sie auf ein herrliches, zwei Fensterscheiben breites Stück Landschaft, voll Bäume, Berge und Wiesen. Ich rückte höher zum Kopfkissen hinauf, und da sah ich das vorige noch einmal im Spiegel des Wassers. Ich setzte mich im Bette aufrecht, und der herrliche Strom, so still, so schweigend, so geschäftslos, wie schlafend, lag vor meinen Blicken. Die Schifferkähne recken sich wach und schleichen wie verdrossen langsam dahin. Das Plätschern der Ruder ist gar zu lieblich. Jenseits ein halb verstecktes Dorf. Links der goldgelbe Schleier der Sonne, rechts, nach Rüdesheim, so viele erst knospende Schönheit. Unter meinen Füßen ein stilles bescheidenes Blumengärtchen, auf das die Königin am Strome gnädig und lächelnd hinabsieht. Jetzt stößt ein großes zweimastiges schwerbeladenes Schiff, das vor meinem Fenster übernachtete, vom Ufer ab. Die Leute arbeiten nicht; es schwimmt von selbst den Strom hinab, so majestätisch. Der Hirte treibt seine Kühe und Rinder ans Wasser. Sie gehen tief hinein, baden sich die Füßchen und trinken. Eine Kuh streckt die Schnauze durch das Fenster einer Jacht. Wie närrisch das aussieht! Sie stoßen recht freundschaftlich mit den Köpfen aneinander. Heute abend bleibe ich in Rüdesheim. Dahin über den Niederwald. Ja, liebe Freundin, der Niederwald ist es, der mich von Frankfurt lockte. Im vorigen Jahre hatte ich die Wallfahrt gelobt. Dort oben steht ein offener Tempel, an dessen Säulen einer ich damals einen mir teuern Namen geschrieben. Ich will sehen, ob er noch so frisch geblieben als in meinem Herzen, und wo nicht, ihn leserlicher machen und darunter schreiben wie ein Weißbinder: *Renovatum 1820*. Nachdem ich mich in Bingen werde umgesehen habe, gehe ich zurück, und ich denke Mittwoch wieder in Frankfurt einzutreffen. Gern wanderte ich bis Koblenz, aber *Rosche macht lau*, d. h. ich habe nicht Geld genug. Wie glücklich sind doch die Bettler, die ohne Geld reisen können. Ich denke, barfuß zu gehen brächte uns schon mit der Natur in nähere Berührung. Die Strümpfe entfernen uns von der mütterlichen Erde. (...)

Ich bringe allen ein flacon Rheinwasser mit und ein wenig Staub vom Niederwald. Es ist 8 Uhr. Ich mache mich auf den Weg. Die vorigen Briefe waren mit einem großen Taler gesiegelt. Jetzt brauche ich einen Sechsbätzner dazu. (...) In Elfeld, im ganzen Rheingau, sowie auch auf der Seite von Bingen wäre vor Mittwoch abend keine Post abgegangen. Die Menschen in dieser Gegend ernähren ihr Herz wohl redlich im Lande; wie könnten sie sich sonst mit der seltenen Gelegenheit begnügen, sich mit geliebten Gegenständen nur zwei Male in der Woche zu unterhalten. Ich mußte Ihnen daher meinen Brief Nr. 3 selbst überbringen. Da ich Montag früh Elfeld verließ, begegnete mir gleich vor der Türe des Wirtshauses das unfreundlichste Regenwetter, das dauernd zu werden drohte. Zum Glücke kam in dem Augenblicke die Wasserdiligence vorüber. Schnell führte mich ein Nachen hinzu, und ich stieg an Bord. Das Schiff war angefüllt. Nur durch freundliche Bereitwilligkeit der Leute konnte ich ein Plätzchen finden. Mich begrüßten Herrn, die mich kannten und, wie sie sagten, am Samstage mit mir zugleich auf dem Marktschiffe waren. (...) Wir begegneten einem Flöz, und unser Schiff wurde, um den Leuten die Arbeit zu ersparen, daran befestigt und so fortgezogen. Von der Ausdehnung, von der kunstreichen Führung, von dem Geldwerte und der ganzen Einrichtung eines Flözes möchte ich Ihnen gern eine Vorstellung geben, doch die Beschreibung würde mich zu lange aufhalten. Ein andermal. Poetisch klangen meinen Ohren die Kommandoworte, die der Steuermann seinen Leuten zuruft. Soll links gesteuert werden, dann heißt es *Frankreich,* und wenn rechts *Hessenland.* Ich stieg aus dem Schiffe auf den Flöz hinab. Es ist ein ganz eigenes Behagen, auf einem Holzgrunde, der so groß ist wie der Römerberg, auf und ab zu gehen, wie auf festem Lande, und dabei weiterzuschwimmen. – Nun öffnete sich der Wasserkreis, den rechts und links Rüdesheim und Bingen begrenzen. Ein Sonnenblick hatte die Gegend erhellt, und um so schauerlicher erhoben sich im Vorgrunde die Berge der Nacht. Man glaubt am Scheideweg der Erde und der Hölle zu sein. Aber das Herz klopfte mir vor Freude, als ich rechts ober mir den Säulentempel auf dem Niederwalde erblickte, mein Wanderziel, wo ich meine Andacht erneuern wollte.

Acht Jahre später mokiert Börne sich bereits über eine Begleiter-scheinung des Tourismus, die wir zu dieser Zeit wohl nicht erwartet hätten:

Es ist wunderlich zu sehen, wenn die Reisenden, besonders die Engländer, über das unaufhörliche Betrachten und Durchblättern der Karten, Kupferstiche und Panoramen vom Rhein die Landschaft selbst übersehen. Bei der Schnelligkeit der Dampfschiffe verliert man die Orte und Punkte aus dem Gesichte, ehe man aus dem Buch ersehen, wie sie heißen.

Es ist, als verstünden sie das Original, die Natur, nicht und müßten sich darum der Übersetzungen bedienen.

Und wieder zehn Jahre darauf scheint der Rhein zur touristischen Stereotype geworden. Heinrich Laube bemerkt: „Wenn die Engländer eine Vergnügungsreise nach Deutschland machen wollen, so verstehen sie unter Deutschland das Rheinland."

Darüber hinaus hält er es überhaupt nicht für notwendig, eine Rheinreise zu schildern: „Eine Rheinreise zu schildern ist heutiges Tages so überflüssig als wenn einer erzählen wollte, daß er ein Gedicht verfertigt habe – jeder gebildete Mensch macht jetzt beides. Auch ist das Wort Rhein in Deutschland so bekannt und angesehen

wie das Wort Nachtigall, man sieht und hört was Schönes, man ist
entzückt . . . "

Aber dann legt er los. Dann tut er das Überflüssige und erzählt vom
'Herzblatt aller Rheingegend, dem Rheingau':
Ich bin nur darüber hingeflogen: wie ein Vogel, ich wollte nur
in einem langen Blicke den Farbensaum des Rheins genießen. Es
regnete fein und durchsichtig, als wir am linken Ufer hinauffuhren,
um den Rheingau zu sehn; von Mainz bis Rüdesheim, nämlich auf
der deutschen Seite, wenn der Turner diese schnelle Bezeichnung
nicht übel nimmt, liegt dies Herzblatt aller Rheingegend, der
Rheingau, und man fährt auf der linken Seite, um ihn sonnen-
bedeckt liegen zu sehn wie das verheißene Land, aus der Ferne. Es ist
ja der Erde Los, daß das Beste in der Weite liegt, und nur das Beste
bleibt, wenn es weit bleibt. Und Alles hat ein Besser und Schlechter,
auch der schöne, grüne Rhein: seine frühe Jugend ist reizend bis an
den Bodensee, dann bezieht er die Schule und lernt und ist bleich
und unbedeutend bis Mainz, hier geht er auf in Jugendfrische und
Schönheit und Duft und Romantik, er erobert, er dichtet, er ist
allmächtig bis Koblenz, dann kommt bis Bonn dem stattlichen
Manne noch solch eine Zugabe alten Weiber-Sommers, er gewinnt
noch hie und da ein leidlich Herz, bis die Kraft sinkt, er schleicht
betroffen an Köln vorüber, ermattet bei Düsseldorf, und sinkt un-
interessanter und schwächer mit jedem Schritte zusammen nach
Holland hinein, von seiner Geschichte zehrend und lebend wie die
deutsche Politik, und sich wie diese tröstend mit der Naturanlage,
mit der charakteristischen Bestimmung. Wer nicht schaffen und genießen kann, der tröstet sich, der Trost ist ein Fruchthaus unter
Glas, wenn das warme schöpferische Klima fehlt; wer keinen guten
Tag gewinnen kann, der lobt seinen Mantel, der Trost ist eine deutsche Erfindung.
Wie unter einem Silberschleier lag drüben im Sprühregen das
rechte Ufer, der Rheingau mit seinen dichtgesäten Ortschaften und
Weinbergen. Rasch fuhr uns der Mainzer Kutscher dahin, all die
berühmten Namen nennend, mit der Peitsche auf das vor uns liegende Ingelheim deutend. Dort ist Karl der Große geboren wor-

den, später hat er einen großen Palast dort erbaut, ein palatium, eine Pfalz. Hier soll sich auch die Geschichte mit Eginhard und Emma zugetragen haben, von welcher heut noch mancher Novellist zehrt, dieser Rheinstrich ist eine Bildergalerie der deutschen Geschichte. Am Fuße der Rochuskapelle, die auf einem samtgrünen Berge allen guten Christen Absolution winkt, hielten wir still, Rüdesheim liegt gegenüber, die Welle des Rheins leckte an unsern Rädern, wir schifften uns ein; grün wie ein dunkler Smaragd ist dieser Strom, diese prächtige Farbe hat er gemein mit den südlichen Bergflüssen, mit dem glänzend grünen Inn, mit der grünen Etsch, ein Schimmer der grünen Bergmatten seiner Kindheit bleibt ihm treu. Vielleicht darum, weil er in dieser Farbe so rein und lockend aussieht, haben sich so viel Wasserfeen auf seinem Grunde angesiedelt, von denen die farblosen, traurigen Flüsse des Nordens nichts wissen. Welche reinliche Fee hätte wohl auch Lust, in den graugelben Elbstrom, in die ausdruckslos bleiche Oder zu steigen! Und die blonden Haare der Wassernixen würden sich auch nicht ausnehmen auf dem schmutzigen Gewässer, und die Nixe hat ebenfalls ihren Toilettenschmuck. Der grüne Rhein mit der Leidenschaft seines bewegten, raschen Hinströmens ist das blühende, frische Leben, während die zögernden, zum Teil schwarzbraunen Flüsse des Nordens der Tod sind, Bilder des Styx.

Hier auf dem breiten, tiefen Strome bei Rüdesheim erblickt man die große, romantische Wendung des Rheins; abwärts nämlich, hinter Bingen, scheint die Welt mit Bergen verstellt, hier beginnt sein Gang zwischen Felsen hindurch, auf denen die Schlösser hängen, wo die Nebel des Himmels geballt hindurch fegen, und jenen Gebirgsduft spenden, welcher die Rheinbilder so zauberhaft und lockend macht. Rückwärts nach Mainz, den eigentlichen Rheingau hinauf, liegt üppige, schwellende Ebene am Ufer, und die sanfteren Berge treten bescheiden einige Schritte zurück.

Trotz des Regens bestiegen wir in Rüdesheim die Esel, um auf den Rössel zu reiten; eins dieser Tiere, welchem der Rhein jetzt schon gleichgültig geworden ist, weil es ihn täglich sieht, führt den sanften Namen 'Fritze', und wird hiermit der Aufmerksamkeit der Rheinreisenden empfohlen. Es hat sich dieser Fritze ein sehr interessantes Verhältnis mit seinem Führer gebildet, welches lebhaft an zwei Eheleute erinnert: Fritze tut gewöhnlich das Gegenteil von dem, was der Führer sagt, und dieser ruft dann gewöhnlich „Himmel und Mantua!" und setzt sich in unverkennbaren Rapport mit Fritzen. Ich habe nicht ergründen können, warum das gerade Mantua sein muß, Franz Horn würde wahrscheinlich mutmaßen, es sei darum, weil Romeo nach Mantua geflohen sei. Kurz, Fritze und sein sanfterer, weniger pikanter Mitesel trugen uns über die Weinberge in den Wald des Rössel hinauf, wir gelangten an eine Ruine, wo der Berg jäh nach dem Rheine hinunterstürzt, ein Windstoß warf den Nebel aus den Schluchten, der Regen stockte, vor uns lag der schönste Rheinblick, den es geben soll.

Dicht unter uns liegt der Mäuseturm mitten im Rheine, dicht am Binger Loche, das seine schlürfenden Wirbel wälzt; jedermann weiß aus der deutschen Naturgeschichte, daß Bischof Hatto vor den zudringlichen Mäusen hierher flüchtete, daß die Bestien nachschwammen und ihn auffraßen: für jeden, der die Mäuse nicht eben liebt, eine quälende, lehrreiche Geschichte; drüben, etwas rückwärts, fließt die Nahe in den Rhein, und führt ihr Wasser eine Zeit lang bescheiden an der Seite hin, wie die Reverenz eines schüchternen Mannes, welcher den König sprechen will. Bei dieser Mündung am Ausgange des schmalen Tals der Nahe ruht die alte Stadt Bingen, wo Kaiser Heinrich der Vierte einst gefangen ward von seinem Sohne; es war der heilige Weihnachtsabend, an welchem die Eltern ihre Kinder beschenken, die Nacht war kalt und der graubärtige Kaiser schrie umsonst über den Rhein hin: Mein Sohn, mein Sohn! Noch weiter zurück öffnet sich über Rüdesheim hinauf der Rheingarten wie eine gelichtete, freundliche Zeit. Aber rechts, rheinabwärts, wo der Strom die Krümmung durch die Felsen schlägt, da sieht der Blick weit, weit hinaus in das dampfende Schluchttal des Rheins, Felsenmauern, Ritterschlösser, ein kleiner, schüchterner, dahin geschleuderter Kahn, die ganze Rheinromantik liegt in blauem Dämmer da. –

Mit „Himmel und Mantua" kehrten wir zurück, und fuhren mit der schönsten Nachmittagssonne den Rheingau entlang, oder das Rheingau, wie man es an Ort und Stelle benennt. Hinten bleibt das

Bergdüster des Bingener Winkels und die weit lockende Rochus-kapelle, rechts rauscht zwischen einfachen, blühenden Ufern die grüne Rheinwelle dahin, und mitunter hebt sich aus ihrer Mitte eine bebuschte Insel, links lehnen sich sanfte Hügel braun und gelb rückwärts, sie gehören zu der bekanntesten Geographie, für diese Hügel ist in Deutschland schon das Unglaubliche geschehn: auf ihnen wächst der beste Rheinwein. Da ist Geisenheim, da ist Hattenheim, da winkt gar goldgelb, etwas aristokratisch abgelegen, der Johannisberg, der echte Johannisberg, welcher dem Fürsten Metternich gehört, und wo es einen tiefen, kühlen Keller gibt. Das Wort Johannisberg gehört zur deutschen Nationalität, in ihm vereinigen sich alle Parteien.

Diese Rheingaustraße von Rüdesheim nach Mainz, dieser Weg von einigen Meilen ist eine fortlaufende Stadt, unsre Residenz des Weines. Die sieben oder acht einzelnen Städtchen, aus welchen sie besteht, haben nur immer ein Viertelstündchen Chaussée zwischen sich, damit man die Zunge wieder auf einen neuen Geschmack vorbereiten kann. Man schwimmt durch eine einzige große Blume bis nach Biebrich, denn erst dort, wo der Herzog von Nassau dicht am Strande des Rheines Hof hält, endigte diese großartige Weinkarte. Auf dieser Karte liegen auch die vielen Landhäuser reicher Kauf- und Edelleute aus Mainz, Frankfurt und der Umgegend, welche so gefällig sind, oft die schönsten Punkte den Engländern zu vermieten für ein Paar hundert lumpige Guineen. Die Gegend selbst ist nicht berauschend schön, sie ist heiter, lieblich, weich und behagend. Hier liegt auch das Brentano'sche Landhaus, von welchem Bettina spricht in dem Briefwechsel Goethe's mit einem Kinde, und in dessen Nähe die Günderode sich das Leben nahm. Mußte sie sich auch just einen Ort wählen, der sonst so vielen Deutschen das Leben gibt! Die Arme!

Die Residenz Biebrich, deren Fenster sich im Rheine spiegeln, sieht eben so aus, als erwartete man die alten Ritter und Herrn, um ein Turnier oder einen Minnehof abzuhalten.

Im selben Jahr 1839 entledigt sich der Wiener Schriftsteller Ignaz Franz Castelli in den 'Memoiren meines Lebens' der Aufgabe, die

Schönheiten einer Rheinfahrt zu beschreiben, auf zweierlei Art. Zu-
erst liefert er einen 'Begriff von den Empfindungen', die ihn unter-
wegs durchdrangen, und zwar merkwürdigerweise in Form eines
Gedichts:

> Wenn du den Vater Rhein nicht lerntest kennen,
> Von Köln bis Mainz und alle Herrlichkeit,
> Die hier Natur und Land und Wasser beut,
> Bedauern muß ich dich und arm dich nennen.

> Durch alle Erdenteile darfst du rennen,
> Auf Berge hoch, durch Täler tief und breit,
> Und rennst du deine ganze Lebenszeit,
> So Prächtiges wird Gott dir nicht mehr gönnen.

> Ein jeder Punkt wird dir die Reise lohnen,
> In jedem Dörfchen möchtest gerne wohnen,
> Die Luft einsaugen und im Wasser baden,
> Du staunst und willst erst laut dein Staunen künden,
> Dann schweigst du, da du Worte nicht kannst finden,
> Und preisest stille Gottes Macht und Gnaden.

Dann stellt er fest, dass ihm die Worte fehlen, die „Herrlichkeiten
zweier Tage zu beschreiben" und empfiehlt:
Geht hin, setzt euch auf ein Schiff in Köln, um den Rhein aufwärts langsam zu befahren, und preiset den Schöpfer aller dieser
Herrlichkeiten, so will ich nur noch ein paar Anekdoten erzählen,
welche mir auf dem Schiffe selbst begegneten. Es befand sich darauf
auch ein sehr hoher Herr (man sagte mir gar ein Herzog einer
fremden Nation) mit seiner Familie und einer großen Dienerschaft.
Der Mann besaß ein Ehrfurcht einflößendes Äußeres, und ich
dachte, es dürfte wohl von meiner Seite schicklich sein, ihm als der
erste die Ehre des Wortes zu gönnen. Ich trat also zu ihm, machte
ihm meine Verbeugung und redete ihn in französischer Sprache an,
indem ich über die Herrlichkeit unserer Rheinreisen, über das günstige Wetter usw. mich vernehmen ließ. Der Mann hörte mich ruhig

an, ich hielt einige Male im Laufe meiner Rede inne, erwartend, er werde etwas antworten, allein er blieb stumm, ich sprach wieder, und als ich endlich mit meiner Anrede zu Ende war und mit Staunen eine Antwort erwartete, da sah mich der hochgeborene Flegel noch eine Minute stillschweigend an, trat mir dann näher, und ein „prrrr!" aus seinem Munde war alles, was er mir erwiderte. Mit diesem wendete er sich aber auch von mir und spazierte gravitätisch in seine Kajüte hinab. Das ärgerte und beleidigte mich, und ich wurde nur etwas kaltblütiger, als man mir sagte, derlei Herren reden nur mit jenen Personen, welche ihnen ordentlich präsentiert worden sind. Auch ich drehte ihm dann den ganzen Tag den Rükken. – Da wir den ersten Mittag auf dem Schiffe sehr gut gegessen, ebenfalls sehr gut, aber leider sehr warm getrunken hatten, so ließ ich mir am Morgen des zweiten Tages in Koblenz Eis auf das Schiff schaffen, und als wir nun am zweiten Mittag bei der Table d'hôte saßen, da brachte mir der Aufwärter das Eis, und ich kühlte meinen Wein ein. Alles beneidete mich darum, und vor allen sah der Hochgeborene mit seiner Lorgnette unverwandt auf mich. Endlich stand er auf, ging um den ganzen Tisch herum zu mir und ersuchte mich in etwas gebrochenem Französisch, ich möchte ihm auch etwas Eis ablassen. Ich sah ihn ebenso lange an, als er mich gestern und ein „prrrr!", welches ich ihm dann noch mit einigen „r" mehr entgegendonnerte, war meine Antwort. Ich muß gestehen, diese kleinen Repressalien waren mir sehr süß.

In unserer Schiffsgesellschaft befand sich auch ein Antiquar aus Bingen, ein kleiner freundlicher Mann, den ich aber „kümmt zu gehn" sprechen hörte. Der Mann hatte entsetzlich viele Kleinigkeiten bei sich, die er zum Verkaufe anbot, aber kein Stück war ganz. Er zeigte mir wohl 20 Tabaksdosen, aber an jeder fehlte etwas. Jede dieser Dosen hatte nach seiner Behauptung ein bedeutender Mann getragen, aber man sollte ihm dies auf sein Wort glauben. Er behauptete, die Sprünge und Brüche ließen sich alle leicht reparieren. An einer Schale von Achat, welche er mir anbot, fehlte gar nichts als der Fuß, die beiden Henkel und ein Stück aus der Mitte.

Als ich in Mainz aus dem Schiffe stieg und wieder auf fester Erde zum Gasthofe wandelte, war das Erste, was mir begegnete, ein großer Leiterwagen mit vier tüchtigen Rappen bespannt, und wer saß auf diesem Leiterwagen? Österreichische Soldaten, Landsleute, die freundlichen offenen Gesichter, das gutmütige Hocken auf dem Wagen, die heimischen Klänge der Sprache (sie johlten eben ein Lied), ich hätte jeden einzelnen umarmen mögen. Es ist wirklich etwas ganz Eigenes, wenn man mehrere Wochen nur gelbe, blaue und rote Uniformen gesehen hat, und man sieht mit einem Male wieder die weißen, die man schon als Kind, in Pappe gemacht, auf einem Brette aufmarschieren ließ. Mögen die anderen Farben auch greller sein, mögen die fremden Uniformen mit Goldschnüren und Epaulettes verbrämt sein, wie sie wollen, einem Österreicher, wenn er auch über alle Farben der Welt erhaben wäre, kömmt's immer so vor, als müsse jeder Soldat weiß sein, und wer nicht weiß ist, sei eigentlich kein echter Soldat. Beiläufig dies war mein Gefühl, als ich die weißen Österreicher sah.

Nun scheinen sich die Schönheiten tatsächlich ein wenig abgenutzt zu haben. Aber der Kriminalist, Theaterdirektor, Dramatiker und Romancier Karl Immermann (1796–1840) kommt mit seiner Verweigerung ein wenig zu früh.

Poesie und Prosa der Rheinreise mit Blick auf den Rheingau sollten zwar manchen Stilwandel erfahren, gelegentlich in Kitsch, nationalem Taumel oder schlechter Literatur versinken – verstummen werden sie nie. Warum auch?

Immermann also notiert 1833 in seinem 'Reisejournal':
Auf dem Dampfschiffe die altbekannten Gegenden wieder begrüßt. Die Natur macht noch wenig Eindruck auf mich, ich habe das schwärmerische Versenken in das tote Zeug satt. Die Rheinlandschaft steht weit über Gebühr im Preise. Dieses kulissenartige Geschiebe von Schiefer, ohne Wald, nur mit den starren Weinpfählen gespickt, hat etwas gar Monotones. Ein paar Punkte sind indessen vortrefflich, dazu gehört das Siebengebirge, Koblenz, die Gegend bei Bingen, das Mainzer Panorama.

Die Menschenwelt ist *meine* Welt. Wie ich in vielen Dingen altfränkisch bin, so habe ich auch das etwas abgekommne Gefühl der Cinquecentisten. Die Gruppe bleibt mir Hauptsache, Strom, Fels und Wald sehe ich als Nebenwerk an. Dafür sich schmachtend zu begeistern, verrät immer etwas Hysterie oder Schwäche.

So ein Dampfschiff ist eine Musterkarte der Stände und Temperamente, obgleich das unsrige der schlechten Zeiten wegen, schwach besetzt war. Ich spazierte hin und her, und schickte meine ruhigen und gleichgültigen Blicke auf Entdeckung der Rassenunterschiede aus.

Eine Tänzerfamilie reiste mit uns. Die Männer standen, fahl, mit verfallnen Gesichtszügen, zusammen, und schwatzten, wie es ihnen da und dort gegangen sei. Die Frau lag, von einem verunglückten Sprunge krank, leichenblaß, ausgestreckt in der Kajüte. Ein liederliches Nymphchen sprang mit drei großen Löchern in den Strümpfen umher, und hatte viel des Gelächters mit jungen Leuten, die sich aus dem Stegreife an sie machten. Zwei alte Weiber verfolgten mit bohrenden Blicken die Löcher in den Strümpfen, man sah, daß ihr Innerstes sich bei diesem Anblicke empörte. Es ging, wie überall; das Laster war in zerrissner Wäsche lustig, und die Tugend ärgerte sich trotz ihrer heilen Socken.

Ein niedliches Tänzerkind saß in einer Ecke gekauert bei seinem Spielzeug, und führte mit Puppen laut eine ganze Komödie auf. Ich trat zu der Kleinen, und da ich meinte, daß hier wohl nicht viel zu verderben sei, so machte ich mir den Scherz, ihr in meinem resoluten Französisch mit Galanterien zuzusetzen. Sie sah mich mit der Ernsthaftigkeit französischer Kinder an, legte ihr Spielzeug hin, und sagte höchst gemessen, daß Monsieur sie täusche, und daß ich vernünftig sein solle, worauf sie mit dem Zeigefinger in ein Töpfchen voll Apfelmus fuhr, und die herausgeförderte Ladung sich in das Maul strich. So nahe hatte ich noch nie Kunst und Natur beisammen gesehen. (...)

Von Koblenz nach Mainz. Die Gesellschaft war nicht so munter, als tags vorher. Bei Tische saß ich zwischen zwei Männern, die in Indien gewesen waren. Der eine schien ein Schiffschirurgus zu sein. Man kam auf das Tagesgespräch: die Cholera. Der Chirurgus wollte sie mit Porter kurieren. Der andre verordnete alten Kognak dagegen. Sie machten schreckliche Beschreibungen von den Verwüstungen, die das Übel am Ganges anrichte, herdenweise mähe es die

Menschen nieder, wirke blitzschnell und schlagflußartig, dennoch werde dort nicht viel darauf geachtet.

Auf dem Verdecke saß eine Dame, die mit ihren Begleitern von morgens sieben Uhr, bis nachmittags vier Uhr, wo sie bei Bingen ausstieg, unaufhörlich sprach, und dazu fortwährend strickte. Nach der Beobachtung einer witzigen Freundin soll beständiges Sprechen und Stricken das Merkmal einer deutschen Professorsfrau sein. Ich brachte sie daher in dieser Rubrik unter und teilte meine Wahrnehmung einem jungen Menschen mit, zu dem ich mich hielt, weil er belesen zu sein schien, und allerhand drollige Einfälle hatte. Er ging gleich in den angeschlagnen Ton ein, und trug eine ganze Klassifikationstheorie vor.

„Auch ich habe bemerkt", sagte er, „daß man unterwegs der Frau schon von außen den Stand des Manns ansehen kann. Die Ehehälfte eines Bankiers pflegt sehr breit zu sitzen, wenn sie sich auch im Gesichte nervenschwach anstellt, Beamtenweiber haben eine eigne kümmerliche Administrations- oder Sportelfalte unter dem linken Auge, Doktorinnen mustern die Gestalt. Bei einer Offiziersfrau muß man unterscheiden. Ist es eine Lieutenantin, so genießt sie unterwegs gar nichts, oder etwas trocknen Zwieback aus dem Strickbeutel. Eine Majorin ißt und trinkt zwar, sieht sich aber währenddessen nach einem Lieutenant von ihres Mannes Bataillon um, dem sie die Bezahlung auftragen kann."

So ging es, jeanpaulisch-hoffmannisierend noch eine Zeitlang weiter. Ich machte das Experiment mit ihm in mehreren Ausdrucksweisen, und fand, daß ihm das äußere Gewand eines jeden Schriftstellers gleich gerecht war.

Indessen las, während Berg, Fels und Ruine an dem Schiffe vorbeiflogen, ein Schulmann meiner strickenden Professorin aus einer Reisebeschreibung vor, und der Gegenwart kam kein Blick zu. Ich spottete im stillen hierüber, zahlte aber bald darauf Revanche, als die beständig wechselnden Prospekte mich im eigentlichen Sinne des Worts zu langweilen begannen. Überhaupt ermüdet die Reise auf dem Dampfschiffe bei aller scheinbaren Bequemlichkeit sehr. Zu dem verwirrenden Lärmen der Maschinen gesellt sich das Hin- und Herlaufen, und die unangenehm-schütternde Bewegung.

Am Ende dieser Auswahl von Rheinreisen kehren wir noch einmal ins 18. Jahrhundert zurück. Der unglücklich geendete Georg Forster (1754–1794), ein vehementer Freund der Französischen Revolution, reiste nicht nur mit Käptn Coock um die Welt. Mit seinen 'Ansichten vom Niederrhein' von 1790 verfasste er eine der gelehrtesten und schönsten Reisebeschreibungen der deutschen Literatur.

Forster fährt den Rhein stromabwärts von Bingen nach Koblenz. Er schaut zurück zum Schloss Johannisberg und komponiert sich ein Bild aus Schatten, Ferne und Spiegelungen:

Wir saßen stundenlang auf dem Verdeck, und blickten in die grüne, jetzt bei dem niedrigen Wasser wirklich erquickend grüne, Welle des Rheins; wir weideten uns an dem reichen mit aneinander hangenden Städten besäeten Rebengestade, an dem aus der Ferne hereinladenden Gebäude der Probstei Johannisberg, an dem Anblick des romantischen Mäuseturms und der am Felsen ihm gegenüber hangenden Warte. Die Berge des Niederwalds warfen einen tiefen Schatten auf das ebene, spiegelhelle Becken des Flusses, und in diesem Schatten ragte, durch einen zufälligen Sonnenblick erleuchtet, Hatto's Turm weiß hervor, und die Klippen, an denen der Strom hinunterrauscht, brachen ihn malerisch schön. Die Noh (= Nahe), mit ihrer kühnen Brücke und der Burg an ihrem Ufer, glitt sanft an den Mauern von Bingen hinab, und die mächtigeren Fluten des Rheins stürzten ihrer Umarmung entgegen.

Wunderbar hat sich der Rhein zwischen den engen Tälern einen Weg gebahnt. [. . .]

Für die Nacktheit des verengten Rheinufers unterhalb Bingen erhält der Landschaftkenner keine Entschädigung. Die Hügel zu beiden Seiten haben nicht jene stolze, imposante Höhe, die den Beobachter mit *einem* mächtigen Eindruck verstummen heißt; ihre Einförmigkeit ermüdet endlich, und wenn gleich die Spuren von künstlichem Anbau an ihrem jähen Gehänge zuweilen einen verwegenen Fleiß verraten, so erwecken sie doch immer auch die Vorstellung von kindischer Kleinfügigkeit. Das Gemäuer verfallener Ritterfesten ist eine prachtvolle Verzierung dieser Szene; allein es liegt im Geschmack ihrer Bauart eine gewisse Ähnlichkeit mit den verwitterten Felsspitzen, wobei man den so unentbehrlichen Kontrast der Formen sehr vermißt. Nicht auf dem breiten Rücken eines mit heiligen Eichen oder Buchen umschatteten Berges, am jähen Sturz, der über eine Tiefe voll wallender Saaten und friedlicher Dörfer den Blick bis in die blaue Ferne des hüglichten Horizonts hinweggleiten läßt, – nein, im engen Felstal, von höheren Bergrükken umschlossen, und, wie ein Schwalbennest, zwischen ein paar schroffen Spitzen klebend, ängstlich, hängt hier so mancher zertrümmerte, verlassene Wohnsitz der adeligen Räuber, die einst das Schrecken des Schiffenden waren. Einige Stellen sind wild genug, um eine finstre Phantasie mit Orkusbildern zu nähren, und selbst die Lage der Städtchen, die eingeengt sind zwischen den senkrechten Wänden des Schiefergebirges und dem Bette des furchtbaren Flusses, – furchtbar wird er, wenn er von geschmolzenem Alpenschnee oder von anhaltenden Regengüssen anschwillt – ist melancholisch und schauderhaft.

Wie nach ihm vielleicht nur noch Goethe hat er gewusst und geschrieben, wie sehr das Auge selbst am Zustandekommen des Anblicks, der Aussicht beteiligt ist. Dass man im Rheingau vor allem die kultivierte Natur bewundern sollte, in Köln und Düsseldorf aber die Kunst, dieser Ratschlag wurde oft erteilt. Sehr prägnant auch von Georg Forster:
   Dass aber Literatur unsere Wahrnehmung beeinflussen kann und so auf alles zurückwirkt, was wir betrachten, das freut uns umso mehr, als wir mit Literatur zum Rheingau in seltener Fülle gesegnet sind.

Das Niederwalddenkmal

Mit der Kabinenseilbahn kann man sich von der Fußgängerzone Oberstraße in Rüdesheim aus in die Vergangenheit fahren lassen. Einerseits natürlich ist der Panoramablick auf die Rüdesheimer Altstadt, auf den Rhein mit seinen grünen Inseln ganz und gar gegenwärtig. Auf der anderen, der Rückseite der Gegenwart aber erwartet uns das Niederwalddenkmal mit der wehrhaften, gewaltigen Dame Germania. Wir haben nun einmal nach all dem nationalistischen Wahn kein ungebrochenes Verhältnis zu solch kraftstrotzender Demonstration. Nehmen wir es als Stein des Anstoßes, als Denkmalbrocken für überwundene Trennungen.

Immerhin hatte der Dresdner Kunstprofessor Johannes Schilling, der das 32 Tonnen schwere Nationaldenkmal entwarf, darauf verzichtet, die Germania direkt nach Frankreich – Richtung Erbfeind – blicken zu lassen.

Mit ihrer Höhe von 12,38 m auf 25 m Unterbau überragt die Bronzefigur den Wilhelmshöher Herkules um glatte 3,20 m. Errichtet wurde der weibliche Koloss zwischen September 1877 und dem 28. September 1883, dem Enthüllungstag, der für den angereisten Kaiser Wilhelm I. – vormals König von Preußen – beinahe der letzte Tag seines Lebens geworden wäre. Darüber gleich mehr. Das Prunkstück von einem Denkmal sollte an die von Preußen betriebene Gründung des Deutschen Reiches 1870/71 erinnern. Die unerhörte Summe von 1 200 000 Goldmark, die das Ganze verschlang, kam zu einem guten Drittel durch Bürgerspenden zusammen.

225 m über dem Rhein, auf einem Vorsprung des Niederwaldes gelegen, half eine mehrstrophige Inschrift auf dem Denkmal der einschlägigen Phantasie der Besucher auf die Sprünge.

Vielleicht lag es auch an dem bellizistischen Gedicht von Franz Schneckenburger aus dem Jahre 1840, dass ein paar Anarchisten die Wahnsinnsidee kam, den Kaiser und alle Festteilnehmer inklusive Kanzler Bismarck in die Luft zu sprengen.

Im Februar 1885 wurden zwei Anarchisten dafür in Halle an der Saale hingerichtet. Die Majestäten hingegen hatten Glück: Ausgie-

bige Regenfälle vereitelten den Sprengstoffanschlag. Angeblich konnte die Zündschnur nicht Feuer fangen. Statt dessen sprengten die frustrierten Anarchisten ersatzweise die Vorratskammer eines Rüdesheimer Gasthauses, wobei 40 gute Flaschen Rheingauer zerstört wurden.

Die 'Wacht am Rhein' in der Vertonung von Carl Wilhelm avancierte zum Hit aller Männergesangsvereine. Noch heute zieren vier Strophen das nunmehr schlicht Niederwalddenkmal genannte Gedenkgebilde. Die ursprüngliche vierte Strophe fehlt:

DIE WACHT AM RHEIN

Es braust ein Ruf wie Donnerhall,
wie Schwertgeklirr und Wogenprall,
zum Rhein, zum Rhein, zum Deutschen Rhein!
Wer will des Stromes Hüter sein?

Durch hunderttausend zuckt es schnell
und aller Augen blitzen hell,
der Deutsche, bieder, fromm und stark,
beschützt die heil'ge Landesmark.

Er blickt hinaus in Himmels Au'n,
Da Heldenväter niederschau'n,
und schwört mit stolzer Kampfeslust,
du Rhein bleibst deutsch wie meine Brust!

So lang ein Tropfen Glut noch glüht,
noch eine Faust den Degen zieht
und noch ein Arm die Büchse spannt,
betritt kein Feind hier deinen Strand!

Der Schwur erschallt, die Woge rinnt,
die Fahnen flattern hoch im Wind
am Rhein, am Rhein, am Deutschen Rhein.
Wir alle wollen Hüter sein!

Lieb Vaterland, magst ruhig sein;
fest steht und treu die Wacht,
die Wacht am Rhein!

Dass hierher der oft und auch in ganz anderem Kontext zitierte Ausspruch 'Lieb Vaterland, magst ruhig sein' stammt, ist wohl in Vergessenheit geraten.

Der einst berühmte Gerichts-Berichterstatter Hugo Friedlaender publizierte in der Sammlung 'Interessante Kriminal-Prozesse' im Jahre 1912 einen ausführlichen Bericht über 'Das Dynamit-Attentat bei der Enthüllungsfeier des Niederwald-Denkmals am 28. September 1883 vor dem Reichsgericht'.

Daraus bringen wir einen Auszug:

Am westlichen Ende des Taunus im Regierungsbezirk Wiesbaden zwischen der Wisper und dem Rhein erhebt sich ein mit prächtigen Buchen und Eichen gekrönter Bergrücken, genannt der *Niederwald*. An seinem Abhang liegen längs des Rheins die Weinberge von Rüdesheim und Aßmannshausen. Aus Anlaß des Deutsch-Französischen Krieges (1870 bis 71) wurde hier vom Dresdener Bildhauer Schilling ein ungemein imposantes Nationaldenkmal von gewaltigem Umfange errichtet. Auf einem durch Reliefs und allegorische Figuren geschmückten, 25 Meter hohen Sockel erhebt sich die hohe Gestalt der Germania. Von Rüdesheim und Aßmannshausen führt zu dem Denkmal eine Zahnradbahn. Am 28. September 1883 wurde das Denkmal in Gegenwart des Kaisers Wilhelm I., des Kronprinzen, späteren Kaisers Friedrich, des Prinzen Wilhelm, jetzigen Deutschen Kaisers, sämtlicher deutschen Bundesfürsten und vieler anderer Fürstlichkeiten, sowie fast aller königlichen Prinzen, des damaligen Reichskanzlers Fürsten Bismarck, des Generalfeldmarschalls Grafen v. Moltke und fast aller preußischen Minister, Bundesratsmitglieder, sowie aller Botschafter und Gesandten fremder Staaten am Berliner Hofe und vieler Generäle in feierlichster Weise enthüllt. Die Festversammlung ahnte nicht, daß zwei Leute alle Vorbereitungen unternommen hatten, um, sobald die Hülle des Denkmals fiel, sämtliche Festteilnehmer mittels Dynamit in die Luft zu sprengen. Nur der furchtbare Regen, der Tags vorher und

Aussicht vom Tempel auf dem Niederwald

die ganze Nacht hindurch sich über das Erdreich ergoß, hatte den teuflischen Plan vereitelt. –

Am sechsten Verhandlungstage wurde das Urteil gesprochen.

Unter lautloser Stille des überfüllten Zuhörerraums verkündete der Vorsitzende, Senatspräsident Drenkmann: Der Gerichtshof hat für Recht erkannt, daß *der Angeklagte Bachmann wegen versuchten Mordes und Brandstiftung mit 10 Jahren Zuchthaus, 10 Jahren Ehrverlust und Polizeiaufsicht, Angeklagter Rupsch wegen Hochverrats mit dem Tode und dem Verlust der bürgerlichen Ehrenrechte, außerdem wegen versuchten Mordes und Brandstiftung mit 12 Jahren Zuchthaus, 10 Jahren Ehrverlust und Polizeiaufsicht, der Angeklagte Küchler wegen Hochverrats mit dem Tode und Verlust der bürgerlichen Ehrenrechte, ferner wegen versuchten Mordes und Brandstiftung mit 12 Jahren Zuchthaus, 10 Jahren Ehrverlust und Polizeiaufsicht, der Angeklagte Reinsdorf wegen Anstiftung zum Hochverrat mit dem Tode und Verlust der bürgerlichen Ehrenrechte, und wegen Anstiftung zum versuchten Morde und zur Brand-*

65

stiftung mit 15 Jahren Zuchthaus, 10 Jahren Ehrverlust und Poli-
zeiaufsicht zu bestrafen, dagegen der Angeklagte Reinsdorf wegen
Anstiftung eines weiteren versuchten Mordes und Brandstiftung
freizusprechen, der Angeklagte Holzhauer wegen Beihilfe zum
Hochverrat mit 10 Jahren Zuchthaus, 10 Jahren Ehrverlust, wegen
Beihilfe zum versuchten Morde und zur Brandstiftung freizuspre-
chen, daß ferner die Angeklagten Söhngen, Rheinbach und Töllner
von der Anklage wegen Beihilfe zum Hochverrat und wegen Bei-
hilfe zum versuchten Morde und zur Brandstiftung freizusprechen
und daß die Kosten des Verfahrens den verurteilten Angeklagten
zur Last zu legen seien. Die Gründe sind folgende: Es sind zwei
Attentate zur Ausführung gelangt, das eine in dem Willemsenschen
Lokale zu Elberfeld, das andere in einer Festhalle zu Rüdesheim.
Ein drittes Attentat auf dem Niederwald ist versucht worden, jedoch nicht zur Ausführung gekommen. Das Attentat in dem Willemsenschen Lokale zu Elberfeld ist am 4. September 1883 passiert.
Dies hat in dem betreffenden Gebäude einen erheblichen Schaden
angerichtet. Es ist außerdem vollführt worden zu einer Zeit, als sich
etwa 30 Ärzte in einem Nebenlokale befanden. Der Angeklagte
Bachmann, der einmal sich selbst als Täter bekannt, andererseits
vom Kellner Fricke auf das bestimmteste wiedererkannt worden ist,
hat nach Lage der Dinge unzweifelhaft die Absicht gehabt, nicht
bloß eine Brandstiftung zu begehen, sondern auch Menschen zu
töten. Der in der Nähe gewesene Kellner Fricke ist im übrigen
durch die Explosion sehr erheblich verwundet worden, andererseits
mußte B. sehen, daß noch eine Anzahl anderer Menschen im Lokale sich aufhielten. Es ist zu erwägen, daß das Attentat von Bachmann, Reinsdorf und dem flüchtig gewordenen Wiedenmüller lange vorher geplant worden ist, und zwar sollte es unternommen
werden, weil in jenem Lokale die besitzenden Klassen verkehren.
Hieraus, aber auch aus dem ferneren Umstande, daß Bachmann
längere Zeit im Lokale gesessen, ehe er das Attentat vollführte, geht
hervor, daß er mit voller Überlegung gehandelt hat.
Es ist des weiteren zu erwägen, daß Bachmann ein hervorragendes
Mitglied der Anarchistenpartei war, daß noch bei seiner Verhaftung
mehrere Exemplare der 'Freiheit' bei ihm gefunden wurden, ein

Blatt, das in wildester Sprache die Propaganda der Tat empfiehlt, Dynamitattentate glorifiziert und über die Handhabung des Dynamits technische Vorschläge gibt. Dem Leser eines solchen Blattes konnte mithin die Wirkung des Dynamits nicht unbekannt sein. Der Gerichtshof ist daher der Ansicht, daß Bachmann nicht bloß wegen Brandstiftung im Sinne des § 306 al. 3 und § 311 des Strafgesetzbuches, sondern auch wegen versuchten Mordes zu bestrafen ist. Hierbei ist in Betracht zu ziehen, daß der Mordversuch nicht gegen einen einzelnen Menschen, sondern gegen eine größere Volksmenge begangen ist und daß er begangen war aus Haß gegen die besitzenden Klassen. Der Gerichtshof erblickt daher in der Handlungsweise des Bachmann eine ehrlose Gesinnung und hat deshalb neben einer 10jährigen Zuchthausstrafe auf 10 Jahre Ehrverlust und Polizeiaufsicht erkannt. Zweifellos steht nach den Ergebnissen der Beweisaufnahme fest, daß Reinsdorf den Bachmann zu der Tat angestiftet hat. Der Anstifter ist gleich dem Täter zu bestrafen, es ist deshalb wegen dieses Vergehens gegen Reinsdorf eine 15jährige Zuchthausstrafe, 10 Jahre Ehrverlust und Polizeiaufsicht erkannt worden. Ich komme nun zu dem Attentate auf dem Niederwald. Rupsch und Küchler sind beschuldigt, hierbei als Täter, Reinsdorf als Anstifter gewirkt zu haben. Schon am 9. September hat eine Konferenz stattgefunden, in welcher Reinsdorf vorschlug, bei der Enthüllungsfeier des Niederwalddenkmals etwas zu begehen. Reinsdorf wollte selbst nach Rüdesheim reisen. Am 23. September sagte jedoch Küchler dem Rupsch: er solle zu Reinsdorf, der zur Zeit im Krankenhause lag, gehen, dieser habe ihn ausersehen, zu der Enthüllungsfeier zu fahren und dort Se. Majestät den Kaiser, den Deutschen Kronprinzen und alle Generale, wie Küchler sich ausdrückte, zu töten. Rupsch leistete dieser Aufforderung des Küchler auch sofort Folge, und nachdem ihm Reinsdorf den Auftrag persönlich mitgeteilt und er von Holzhauer das Dynamit und das nötige Reisegeld erhalten hatte, reiste er in Begleitung des Küchler nach Rüdesheim. Hier handelten beide in sehr wohlüberlegter Weise. Sie suchten sich am Abende vorher zunächst den Ort aus, wohin sie das Dynamit legen wollten, holten es alsdann und verbanden es mit einer bis in den Wald sich hinziehenden

Zündschnur, welch letztere sie mit Gras, Laub und Erde bedeckten. Am folgenden Tage waren sie bemüht, die Explosion zu vollführen, dies gelang ihnen jedoch nicht. Es entsteht nun hier die Frage: Ist die ganze Geschichte glaubhaft, da ein objektiver Tatbestand nicht vorliegt? Der Gerichtshof hat die volle Überzeugung gewonnen, daß die Explosion in der von den Angeklagten erzählten Weise versucht worden ist. Es entsteht die Frage: sind hier Handlungen begangen worden, die einen Anfang der Ausführung des beabsichtigten, aber nicht zur Vollendung gekommenen Verbrechens betätigt haben, oder sind nur vorbereitende Handlungen zum Hochverrat begangen worden? Der Gerichtshof hat die erstere Frage bejaht, und zwar aus dem Grunde, da Rupsch die Zündschnur bereits entzündet hatte.

Der Gerichtshof hält in dieser Beziehung die Aussage des Küchler für glaubwürdig, daß Rupsch zunächst den Schwamm entzündete, dieser aber infolge der großen Nässe nicht brennen wollte, daß Rupsch alsdann neuen Schwamm von ihm forderte, aber das Anzünden des letzteren ebenfalls wirkungslos blieb, da die Zündschnur vollständig durchnäßt war. Es steht nun fest, daß es in der Nacht vom 27. zum 28. September 1883 sehr geregnet hat und nach den Bekundungen des Sachverständigen, Majors Pagenstecher, ist es daher ganz erklärlich, daß die Explosion nicht erfolgte. Daß Rupsch die Zündschnur durchschnitten, um die Explosion zu vereiteln, glaubt der Gerichtshof nicht. Einmal erscheint es sehr unglaublich, daß er die Schnur zunächst mit einer kalten Zigarre entzündet hat, denn diese Manipulation konnte bloß einen Zweck haben, um den Küchler zu überzeugen, daß die Zündschnur nicht anbrennen wolle. Er mußte sich sagen, daß Küchler sehen werde, der Schwamm habe überhaupt nicht einmal geglimmt. Der Gerichtshof ist aber im übrigen der Meinung, Rupsch ist gar nicht willens gewesen, das Attentat zu vereiteln, denn einmal behauptet er selbst nicht, daß er nach Rüdesheim gefahren sei, um das Attentat zu vereiteln, sondern um sich auf Kosten anderer zu amüsieren, und andererseits ist der Gerichtshof der Meinung, wenn es dem Rupsch mit der Verhinderung des Attentats ernst gewesen wäre, dann hätte er nicht nötig gehabt, die Einschnitte in die Baumstämme zu machen, um am folgenden Tage die Zündschnur wiederzufinden. Für seine fernere Schuld spricht, daß, nachdem das Attentat mißlungen, er gleich darauf den Entschluß faßte, die Festhalle in Rüdesheim in die Luft zu sprengen und diesen Entschluß auch zur Ausführung brachte. Es ist undenkbar, daß jemand, der soeben von der Begehung eines Mordes freiwillig Abstand genommen hat, sofort den Entschluß faßt, einen anderen Mord zu begehen. Küchler ist nun gleich dem Rupsch als Täter zu bestrafen. Er hat nicht bloß Wache gestanden, er nahm an der Legung des Dynamits teil, wickelte die mit dem Dynamit verbundene Zündschnur auf und half dem Rupsch neuen Schwamm suchen. Dies alles sind Handlungen, die zweifellos für die Mittäterschaft sprechen. Daß Küchler nur mitgereist war, um das Attentat zu verhindern, kann ihm in keiner Weise geglaubt werden. Er leugnete anfänglich, den Rupsch überhaupt zu kennen, suchte durch seine Verwandten einen Alibibeweis zu führen, und als ihm nachgewiesen wurde, daß er in Koblenz seine Uhr versetzt habe, gab er dies wohl zu, leugnete aber immer noch, überhaupt auf dem Niederwald gewesen zu sein. Noch in den jüngsten Tagen hat man einen „Kassiber" bei ihm gefunden, in welchem er seine Verwandten um Geld bat, um seine Flucht zu bewerkstelligen. Erst hier in der Verhandlung ließ er sich zu dem Geständnis herbei, dabei gewesen zu sein, dies sei aber nur geschehen, um das Attentat zu verhindern. Ist es einmal unglaubhaft, daß zwei Leute die Begehung eines Attentats unternehmen, um die Ausführung zu verhindern, so hat Küchler absolut nichts getan, um das Attentat zu vereiteln. Er sagt wohl: er habe deshalb das Dynamit in die Dränage gelegt, weil er hoffte, es werde Wasser hineinkommen, und daß alsdann das Dynamit wirkungslos bleiben werde. Er mußte sich jedoch aber auch sagen, daß seine Hoffnung ihn täuschen und daß nicht soviel Wasser in die Dränage kommen könnte, um die Wirkung zu verhindern.

Daß bei Rupsch und Küchler die Absicht vorgewaltet hat, Se. Majestät den Kaiser, den Deutschen Kronprinzen nebst Umgebung zu töten, steht außer allem Zweifel. Dafür spricht die bekannte Äußerung des Küchler zu Rupsch und das Geständnis von Reinsdorf selbst, der dem Rupsch ganz direkt gesagt hat: er solle die Explosion vollführen, um Se. Majestät den Kaiser, den Deutschen Kronprinzen und die deutschen Bundesfürsten zu töten. Daß auch die volle Absicht bei beiden Angeklagten obgewaltet hat, geht aus der Erzählung des Rupsch hervor, der bekundet hat: Er solle das erstemal den Wagen des Kaisers auf 50 oder 150 Schritt herankommen lassen und das zweitemal die Explosion dann vollführen, wenn das letzte Hoch auf Se. Majestät den Kaiser ertönt war, ein programmmäßiges Zeichen, daß der Festzug, an der Spitze der kaiserliche Wagen, zurückkomme. Daß die Explosion, wenn sie nicht durch den Regen vereitelt worden wäre, objektiv geeignet gewesen wäre, die Insassen der vorüberfahrenden Wagen zu töten, hat uns der Sachverständige, Herr Major Pagensteche bekundet. Es ist nun in Erwägung zu ziehen, daß Rupsch den anarchistischen Ideen huldigte, daß er ein eifriger Leser der 'Freiheit' war, daß, als er bei seinem Prinzipal einmal einen Diebstahl beging, er zur Rede gestellt, antwortete: „Eigentum ist Diebstahl", daß er ferner äußerte: Es sei ihm ein leichtes, 500 Gesinnungsgenossen zusammenzubringen, er könne aus Säuren Dynamit bereiten, ja daß er sogar einmal, über sein Treiben zur Rede gestellt, antwortete: „Es ist mir sehr gleichgültig, auf welche Art ich zugrunde gehe, werde ich einmal gefaßt, dann nehme ich eine Nitroglyzerin-Hülse in den Mund und töte mich selbst." Es besteht ferner kein Zweifel, daß Reinsdorf gewußt hat, Rupsch sei der geeignete Mensch zur Ausführung des Attentats, und wenn Reinsdorf dem Rupsch den Küchler noch zur Begleitung mitgab, so geschah dies nicht, weil er an der Zuverlässigkeit des Rupsch, sondern nur, weil er an seinem Mut etwas zweifelte. Was nun den Küchler anlangt, so zählte dieser ebenfalls zu den eifrigsten Anhängern der anarchistischen Partei und beherbergte sogar längere Zeit den Reinsdorf. Reinsdorf bekennt frei und offen, daß er die Angeklagten Rupsch und Küchler angestiftet hat, nach dem Niederwald zu reisen und dort Se. Majestät den Kaiser, den Deutschen Kronprinzen und überhaupt alle dort versammelten deutschen Bundesfürsten zu töten. Er sagte dem Rupsch: Eine solche Gelegenheit, wie die Enthüllungsfeier, biete sich nicht wieder, dort sei die ganze Gesellschaft zusammen. Ja, Reinsdorf bekennt frei und offen: er habe die Absicht gehabt, eine Ermordung des Kaisers zu veranlassen, er bezeichnet diese Tat als eine Notwendigkeit zur Ausführung seiner anarchistischen Ideen und sagt: es sei besser, daß einer stirbt, als daß für einen Hunderttausende hingeschlachtet werden sollen. Danach ist Reinsdorf als Anstifter des Hochverrats zu bestrafen. Es ist nun in Erwägung zu ziehen, in welch schleichender Weise das Verbrechen zur Ausführung gebracht werden sollte. Während die Täter selbst in Sicherheit waren, sollte eine Explosion erfolgen, die geeignet war, eine große Anzahl von Menschen zu töten, und zwar an einem Tage, der für ganz Deutschland ein Nationalfesttag war. Es ist des weiteren zu erwägen, daß gegen Se. Majestät den Kaiser der Mordversuch zunächst gerichtet war, der Landesherr von Rupsch, Küchler und Reinsdorf ist. Es ist den Angeklagten nicht gelungen, den Nachweis zu führen, daß sie aus politischen Motiven gehandelt haben. Das Verbrechen ist demnach eine ehrlose Handlung, es mußte mithin neben der Todesstrafe auf Verlust der bürgerlichen Ehrenrechte erkannt werden. Was nun den Angeklagten Holzhauer anlangt, so hat sein Haus offenbar den Herd der anarchistischen Bewegung in Barmen-Elberfeld gebildet. In seiner Wohnung fanden mehrfach Zusammenkünfte statt, in denen Verschwörungen geplant wurden. Der Gerichtshof hat die Überzeugung gewonnen, daß Holzhauer dem Rupsch das Dynamit übergeben, ihn ebenfalls mit Instruktionen versehen und ihm durch Sammlungen das nötige Reisegeld verschafft hat. Ohne Holzhauer säßen Söhngen, Rheinbach und Töllner nicht auf der Anklagebank. Er hat diese zur Hergabe des Reisegeldes an Rupsch verleitet. Daß Holzhauer gleich Reinsdorf, Rupsch und Küchler mit voller Überlegung gehandelt hat, daß er wußte: es handle sich um die Tötung Sr. Majestät des Kaisers, ist zweifellos erwiesen, Holzhauer war deshalb, wie geschehen, wegen Beihilfe zum Hochverrat zu bestrafen. Bezüglich der Angeklagten Söhngen, Rheinbach und Töllner hat der Gerichtshof nicht als erwiesen erachtet, daß diese den wahren Zweck ihres Geldleihens gekannt haben. Aus diesem Grunde ist auf Freisprechung dieser Angeklagten erkannt worden. An dem Attentat an der Festhalle in Rüdesheim ist nur Rupsch und Küchler beteiligt. Dies wurde von den beiden letzteren erst geplant, nachdem das Attentat auf dem Niederwald mißlungen war. Der Gerichtshof hat auch hier als erwiesen erachtet, daß beide, Rupsch und Küchler, gemeinschaftlich als Täter zu betrachten sind und daß sie die Absicht gehabt haben, einen Massenmord zu begehen, denn es waren zu dieser Zeit mindestens 1000 Menschen in der Festhalle anläßlich eines Konzerts versammelt. Daß das Dynamit 10 Schritt von der Festhalle gelegt wurde, ist nicht erwiesen, es ist vielmehr zeugeneidlich festgestellt, daß das Dynamit dicht unterhalb der Festhalle gelegt war und infolgedessen geeignet gewesen wäre, Menschen zu töten. Es ist deshalb dieses Verbrechens wegen gegen Küchler und Rupsch auf je 12 Jahre Zuchthaus und 10 Jahre Ehrverlust erkannt worden, während Reinsdorf und Holzhauer bezüglich dieses Verbrechens freizusprechen sind. Die Kosten des Verfahrens, insoweit auf Freisprechung erkannt ist, fallen der Reichskasse zur Last, die übrigen Kosten haben die verurteilten Angeklagten zu tragen. Die Angeklagten Söhngen, Rheinbach und Töllner sind sofort aus der Haft zu entlassen, die übrigen Angeklagten sind in Haft zu behalten. Ich schließe die Sitzung. – Angeklagter Reinsdorf hörte die Urteilsverkündung mit der größten Gleichgültigkeit an, Küchler und Rupsch dagegen drohten, als sie ihr Todesurteil vernahmen, förmlich zusammenzubrechen. Die freigesprochenen Angeklagten schüttelten den Verurteilten sämtlich zum Abschied freundlichst die Hand. – Rupsch wurde, seiner großen Jugend wegen, zu lebenslänglichem Zuchthaus begnadigt. Reinsdorf und Küchler wurden an einem kalten Wintermorgen (Februar 1885) auf dem Hofe des Zuchthauses zu Halle a. d. S. hingerichtet. Zunächst wurde Reinsdorf zur Richtstätte geführt. Er sang mit ziemlich lauter Stimme: „Stiefel, du mußt sterben, bist noch so jung, jung, jung." Als ihm die Henkersknechte das Hemd heruntergezogen hatten und ihn auf dem Schafott festschnallten, rief Reinsdorf: „Ich sterbe für die Befreiung der Menschheit. Es lebe die Anarchie." In demselben Augenblick blitzte das Henkerbeil in der Luft und sauste auf den Hals Reinsdorfs nieder. Der Kopf war vom Rumpfe getrennt. „Herr Reichsanwalt, das Urteil ist vollstreckt," rief der Scharfrichter. Küchler hatte die Hinrichtung des Reinsdorf von seiner Zelle aus gesehen. Kaum war diese grauenhafte Prozedur beendet und die Leiche Reinsdorfs auf einem Hundewagen nach der Leichenhalle des Zuchthauses geschafft, da ertönte wiederum die 'Armensünderglocke' in die kalte Morgenluft hinaus. Ein furchtbares Schreien und Wehklagen vernahm man. Unter Führung des Oberinspektors transportierten drei Zuchthauswärter Küchler zur Richtstätte. Küchler mußte förmlich getragen werden. Er schrie: „Ich sterbe unschuldig. Meine arme Frau, meine armen Kinder." In diesem Augenblick hatte auch schon das Henkerbeil dem Küchler den Kopf vom Rumpfe getrennt. Zwei Reichsgerichtsräte und ein Reichsanwalt waren in ihren scharlachroten Talaren zu der Doppelhinrichtung in amtlicher Eigenschaft erschienen. Es wohnten nur wenige Personen dem traurigen Akte bei.

Das poetische Gasthaus:
Die 'Krone' von Assmannshausen

Es ist wenig originell, die Nähe der Literatur zum Wein festzustellen. Seit eh und je werden die Weine besungen – oder verflucht, wenn das Trinken leider ins Saufen überging. Es soll Schriftsteller geben, die mit der Arbeit nur beginnen können, wenn der immer gleiche Wein eines bestimmten Jahrgangs in stets demselben Glas für das Schluckritual zur Verfügung steht, das allein den geheimnisvollen Schreibakt in Schwung bringt.

Goethe, dem kaum ein Genuss fremd war, schätzte neben seinem 'Eilfer', dem Winkeler Hasensprung des Jahrgangs 1811, auch sehr den roten Assmannshäuser, an dem man sich in jedem Jahr – ab Himmelfahrt 14 Tage lang – beim Assmannshäuser Rotweinfest gütlich tun kann. Und wie der 'Rote' ein Blauer Spätburgunder ist, geraten in und um Assmannshausen allerhand Gewissheiten ins Wanken.

Der berühmte Höllenberg, die beste Weinlage, lässt selbstverständlich sofort an Feuer, Fieber, Leidenschaften denken. Die mögen sich getrost einstellen, leider aber hat der Höllenberg nichts mit Hitze zu tun. Das Wort kommt von 'helda', womit ein steiler Abhang bezeichnet wurde. Auch liegt Assmannshausen nicht nur am Rhein, sondern auch an der B 42, was ziemlichen Kummer bereitet. Wer allerdings behauptet, unter all den traditionsreichen Hotels wie den 'Zwei Mohren', dem 'Lamm' oder dem 'Anker' gebühre der 'Krone' die Krone, der liegt ganz gewiss richtig.

Weil Traditionen sich rasch verflüchtigen, wenn nichts Neues hinzukommt, wurde der 'Krone'-Komplex immer wieder erweitert und verbessert. Im April 1977 zum Beispiel begründeten Köche und Winzer in dem zur 'Krone' gehörenden Feinschmeckerlokal das 'Rheingau Gourmet Festival', das mit Absicht so ähnlich klingt wie das 'Rheingau Musik Festival' und in mehreren Rheingauer

Schlemmerorten alljährlich rund 3000 Besucher aufs edelste ver-
köstigt.

Zurück aber in vergangene Epochen. Speziell ins Jahr 1844, als
der bis dahin populärste, am auswendigsten gelernte deutsche Dich-
ter Ferdinand Freiligrath (1810–1876) sich anschickte, seine 'Links-
wendung' zu besiegeln. Und das tat er eben in der Assmannshäuser
'Krone'.

Seit 1839 wohnte er zeitweise in St. Goar und war mit Adelheid
von Stolterfoth (1800–1875), der 'Philomene des Rheins', befreun-
det. Freiligrath, der Lehrersohn, war eigentlich Kaufmann. Vom
Kontorsessel aus hat er sich und seine Leser mit der süß-farbigen
Romantik von Orientphantasien beglückt, was seinerzeit an der
Tages- und Nachtordnung war und meisterhaft opulent von Victor
Hugo begründet worden war. 'Janitscharen-Musik' nannte das der
scharfe Heinrich Heine.

Das 'Auswandererlied' von 1832 („O sprecht! Warum zogt ihr
von dannen?") betrauert tränenreich den Abschied von der deut-
schen Heimat. Es stand bis zum 1. Weltkrieg in allen lyrischen An-
thologien an markanter Stelle.

Übrigens war Freiligrath mit dem amerikanischen Dichter
Henry Wadsworth Longfellow (1807–1882) bekannt, der zwischen
1825 und 1878 mehrmals nach Europa gekommen war, wahr-
scheinlich oder eher vielleicht auch nach Geisenheim. Dort darüber
mehr.

1844 also die Wende bei Freiligrath. Friedrich Wilhelm IV. hatte
dem Dichter auf Wilhelm von Humboldts Vorschlag eine jährliche
Gabe von guten 300 Talern zuerkannt. 'Invalidenpension' frozzel-
ten seine Freunde. Die gab er dann Anfang 1844 mit freundlichem
Begleitschreiben zurück. Nun gehörte er zur 'Linken' und wurde
aufmerksam von der Polizei observiert. In Hallgarten besuchte er
heimlich Adam von Itzstein (1775–1855), der als Abgeordneter des
Badischen Landtags bis 1849 zu den bedeutenden Wegbereitern der
Revolution von 1848/49 gehörte. Freiligrath versteckte sich in Un-
kel am Rhein und ging schließlich über Ostende und Brüssel in die
Schweiz. 1848 kehrte er zurück und arbeitete an der berühmten
'Neuen Rheinischen Zeitung' mit.

Weinkarte 1908

Briefkopf der „Krone" von 1903

Briefkopf der „Krone" von 1907

77

Hotelprospekt 1895

Dass er in der Krone weilte, sieht man auch heute auf den ersten Blick. Joseph Hufnagel, ein gelernter Küfer, hatte im April 1893 den damals schon berühmten Gasthof gekauft. Er machte aus dem Haus für Studenten, Dichter und Künstler ein international renommiertes Hotel und baute den eigenen Weinhandel aus. Der spritzige rote Sekt gelangte per Versand in alle Welt. Und jetzt kehren wir zur wankenden Ungewissheit, gleichsam zu den 'echten Fehlfarben', zurück.

Hufnagel nämlich, ein frühes Marketing-Talent, verwandelte die alte 'Krone' in ein bauliches Konglomerat im romantisch-historisierenden 'rheinischen' Stil mit aufgeblendetem Fachwerk und angesetztem Ecktürmchen, was man ausführlich nachlesen kann in dem schönen Büchlein über die 'Krone' von Sofie Charlotte Bauer (Mainz 1981). Hufnagel aber erweckte auch Freiligrath zu neuem Leben. Im Mai 1894 richtete er eine 50-Jahr-Feier zum Gedenken

Wein-Preise
von
Jos. Hufnagel, Assmannshausen a/Rh.
Weingutsbesitzer in Assmannshausen & Rüdesheim.

Die Preise verstehen sich ab Assmannshausen, zahlbar nach Empfang ohne Sconto.

Jahrgang	Weine im Fass.		Per 100 Liter ohne Fass – Mark	Jahrgang	Weine in Flaschen.		Per Flasche mit Glas u. Packung – Mark
	Weiss-Weine.				**Weiss-Weine.**		
1894	Assmannshäuser Weisswein I (eigen. Gewächs)		80	1895	Assmannshäuser Berg (eigenes Gewächs)		1,15
1893	„ II (eigen. Gewächs)		90	1895	Lorcher Bodenthaler (selbst gekeltert)		1,25
1895	„ Berg (eigen. Gewächs)		100	1895	Rüdesheimer (eigenes Gewächs)		1,50
1895	Lorcher Bodenthaler (selbst gekeltert)		125	1893	Assmannshäuser Berg Orléans (eigen. Gewächs)		1,50
1895	Rüdesheimer (eigenes Gewächs)		150	1893	„ Berg Riesling (eigen. Gewächs)		2,—
1893	Assmannshäuser Berg Orléans (eiges Gewächs)		150	1886	Rüdesheimer Berg (eigenes Gewächs)		2,50
1893	„ Berg Riesling (eigen. Gewächs)		200	1886	Johannisberger Auslese		3,50
1893	Rüdesheimer Berg (eigenes Gewächs)		250	1889	Rüdesheimer Berg Riesling (eigenes Gewächs)		4,—
1886	Rauenthaler Berg Riesling		300	1892	„ Berg Riesling feinste Beeren Ausl. (Kgl. Domäne)		9,—
1886	Johannisberger Auslese		350				
					Roth-Weine.		
	Roth-Weine.			1895	Assmannshäuser Rothwein		1,50
1895	Assmannshäuser Rothwein		150	1895	„ Spätroth		2,—
1895	„ Spätroth	Eigenes	200	1893	„ Spätroth Auslese		2,50
1893	„ Auslese	Gewächs	250	1886	„ Hinterkirch		3,—
1893	„ Hinterkirch		300	1886	„ Hinterkirch Ausl., „Kaiserwein"		4,—
				1890	„ (Kgl. Domäne)		5,—
	Moussirende Weine	Kaiser-Sect, Germania-Sect		1884	„ Cabinet feinste Beeren Auslese		7,—

Assmannshäuser Mousseux (roth) J. Hufnagel per Flasche Mk. 3,50
Germania-Sect ... 3,—

Leere Fässer werden innerhalb 2 Monaten in gutem Zustande franco zurückgenommen.
Die Fässer werden zu Selbstkosten-Preisen berechnet. Ein Fass von 100 Liter ergiebt ca. 125–130 gewöhnliche Rheinweinflaschen.
In halben Flaschen 2½ Pfg (beim Schaumwein 50 Pfg.) mehr für ½ halbe Flaschen.
Versandt in Kisten mit 12, 24, 35, 50, 60 Flaschen u. s. w.
Preise der amtlich geeichten Weinfässer:
halt ca. 300 Liter (¼ Stück) 200 Liter 150 Liter (¾ Ohm) 100 Liter 75 Liter (½ Ohm) 50 Liter 25 L.

Weinliste 1896

an Freiligraths 'Krone'-Aufenthalt aus. Für diese Gelegenheit fertigte Arthur Zimmer aus carrarischem Marmor eine Freiligrath-Büste, die in einer markant verzierten halbrunden Nische im Blendfachwerkgiebel des alten 'Krone'-Hauses aufgestellt wurde. Dort steht sie auch heute noch. Das Zimmer, in dem der Dichter im Mai 1844 sein 'Glaubensbekenntniß' abgeschlossen hatte, wurde zum Freiligrath-Museum. Es befinden sich dort allerhand persönliche Erinnerungsstücke an den Dichter, die Freunde und Verwandte bereitwillig stifteten. Auch die im Mainzer Verlag Victor von Zabern 1844 erschienene Erstausgabe des 'Glaubensbekenntniß' ist im 'Krone'-Archiv vorhanden. Die Urschrift des berühmten Widmungsgedichts – ebenfalls in der 'Krone' aufbewahrt – zeigt die Zuspitzung auf den einen Herrscher – Friedrich Wilhelm IV. Hatte es im Entwurf ganz allgemein „gegen Thron und Kron" geheißen, wurde daraus „gegen eine Kron".

79

Hier folgt nun endlich dieses häufig zitierte Widmungsgedicht:

Zu Assmannshausen *in* der Kron',
wo mancher Durst'ge schon gezecht,
Da macht' ich *gegen* eine Kron'
Dieß Büchlein für den Druck zurecht!
Ich schrieb es ab bei Rebenschein,
Weinlaub um's Haus und saft'ge Reiser;
Drum, wollt ihr rechte Täufer sein,
Tauft's Vierundvierz'ger Assmannshäuser!

Viel seltener zitiert, aber sehr aufschlussreich ist das ebenfalls in der
'Krone' geschriebene Vorwort zum 'Glaubensbekenntniß', in dem
er seine 'Häutung' zum radikalen Demokraten erläutert.

Dem Versteckten offne Frage,
das Verstockte frisch in Fluß!
In die Stickluft dieser Tage
dieses Büchleins kecken Schluß!

Die jüngste Wendung der Dinge in meinem engeren Vaterlande
Preußen hat mich, der ich zu den Hoffenden und Vertrauenden
gehörte, in vielfacher Weise schmerzlich enttäuscht, und sie ist es
vornehmlich, welcher die Mehrzahl der in der zweiten Abteilung
dieses Buches mitgeteilten Gedichte ihre Entstehung verdankt. Kei-
nes derselben, kann ich mit Ruhe versichern, ist gemacht; jedes ist
durch die Ereignisse geworden, ein ebenso notwendiges und unab-
weisliches Resultat ihres Zusammenstoßes mit meinem Rechtsge-
fühl und meiner Überzeugung, als der gleichzeitig gefaßte und zur
Ausführung gebrachte Entschluß, meine vielbesprochene kleine
Pension in die Hände des Königs zurückzulegen. Um Neujahr
1842 wurde ich durch ihre Verleihung überrascht: seit Neujahr 1844
hab ich aufgehört, sie zu erheben.

Und so leg ich denn diese Sammlung, Älteres und Neuestes,
vertrauensvoll an das Herz des deutschen Volkes! Die Besonnenen
und ruhig Prüfenden, hoff ich, werden die zahlreichen Fäden leicht

entdecken, welche aus der ersten Abteilung des Buches in die zweite herüberführen. Sie werden es erkennen, hoff ich, daß hier nur von einem Fortschreiten und einer Entwicklung die Rede sein kann, nicht aber von einem Übertritt, nicht von einem buhlerischen Fahnentausch, nicht von einem leichtfertigen Haschen nach etwas so Heiligem, wie die Liebe und die Achtung eines Volkes es sind. Sie werden es vielleicht um so eher, wenn sie gleichzeitig erwägen, daß die ganze Schule, die ich soeben als Individuum vor den Augen der Nation durchgemacht habe, doch am Ende nur die nämliche ist, welche die Nation, in ihrem Ringen nach politischem Bewußtsein und nach politischer Durchbildung, als Gesamtheit selbst durchlaufen mußte und zum Teil noch durchläuft; – und das Ärgste, was sie mir vorzuwerfen haben, wird sich zuletzt vielleicht auf das eine beschränken: daß ich nun doch von jener „höheren Warte" auf die „Zinnen der Partei" herabgestiegen bin. Und darin muß ich ihnen allerdings recht geben! Fest und unerschüttert trete ich auf die Seite derer, die mit Stirn und Brust der Reaktion sich entgegenstemmen! Kein Leben mehr für mich ohne Freiheit! Wie die Lose dieses Büchleins und meine eigenen auch fallen mögen – solange der Druck währt, unter dem ich mein Vaterland seufzen sehe, wird mein Herz bluten und sich empören, sollen mein Mund und mein Arm nicht müde werden, zur Erringung besserer Tage nach Kräften das Ihrige mitzuwirken! Dazu helfe mir, nächst Gott, das Vertrauen meines Volkes! Mein Gesicht ist der Zukunft zugewandt!

Indem ich mich solchergestalt, durch Wort und Tat, offen und entschieden zur Opposition bekenne, schicke ich gleichwohl der zweiten Abteilung die erste, schicke ich den unzweideutigen Stimmen einer ausgebildeten und in sich gefesteten politischen Meinung die minder sicheren und bewußten einer erst werdenden und sich gestaltenden voraus. Ich kann nicht anders! Wer am Ziele steht, soll auch den Umweg nicht verleugnen, auf welchem er es erreicht hat! Dies mein Glaube, und dies der einzige Grund, der mich gerade bei dieser Gelegenheit zur Wiederveröffentlichung jener älteren Gedichte bestimmt. Andere Motive, vollends solche des Hasses und des Neides, wie man sie einst bei meinem Liede gegen Herwegh vorausgesetzt hat, sind mir jetzt so fremd, wie sie es damals waren, und ich stelle sie hiermit aufs entschiedenste in Abrede. Es ist mir hauptsächlich darum zu tun, eine nunmehr hinter mir liegende Übergangsepoche meiner poetischen und politischen Bildung auch sichtbar für mich und andere zum Abschluß zu bringen.

Aßmannshausen, Mai 1844   Ferdinand Freiligrath

Nicht zuletzt des regionalen Bezuges wegen folgt hier noch aus dem 'Glaubensbekenntnis' das Gedicht 'Wisperwind' (Assmannshausen, Februar 1844), das in Anthologien oft ausgespart bleibt:

Wisperwind

Der Wisperwind, der Wisperwind,
Den kennt bis Oestrich jedes Kind!
Des Morgens früh von vier bis zehn,
Da spürt man allermeist sein Wehn!
Stromauf aus Wald und Wiesengrund
Haucht ihn der Wisper kühler Mund!

Ja, immer, immer nur stromauf
Fährt er mit Pfeifen und Geschnauf;
Von unten jetzt und allezeit.
Braus't er nach oben, kampfbereit;
Nie mit der Welle geht sein Strich,
Nur ihr entgegen stemmt er sich!

Er macht sich auf, wo Hütten stehn;
Wo Hütten stehn und Mühlen gehn.
Des Bauern Strohdach ohne Ruh'
Schickt ihn der Burg des Fürsten zu;
Anfährt er trotzig, sagt mein Ferg,
Schloß Rheinstein und Johannisberg.

Er saus't und wütet um sie her
Frisch und gradaus wie keiner mehr;

82

Er schiert den Teufel sich um Gunst,
Er pfeift was auf den blauen Dunst,
Der trüb um ihre Zinnen hangt –
Er pfeift, bis klar der Himmel prangt.

Ja, heiter wird auf ihn der Tag;
Drum braus' er, was er brausen mag!
Er selbst und noch ein Wisperwind:
Ein neuer Tag der Welt beginnt!
Die Hähne krähn, der Wald erwacht,
Ein Wispern hat sich aufgemacht!

Von unten keck nach oben auch
Zieht dieser andern Wisper Hauch;
Auf aus den Tiefen zu den Höhn
Erhebt sich frisch auch dieses Wehn;
Strohdach und Werkstatt ohne Ruh'
Schicken der Fürstenburg es zu!

Da hangen trüb die Nebel noch;
Geduld nur, es verjagt sie doch!
Wie zornig sie auch dräu'n, wie wirr,
Es läßt nicht ab, es wird nicht irr!
Mit kräft'gem Blasen, Ruck auf Ruck,
Macht es zunichte Dunst und Druck!

Hab' Dank, du frisch und freudig Wehn!
Hab' Dank, hab' Dank – o, wär' es Zehn!
Ja, Zehn und rings der Himmel rein!
Jetzt, mein' ich, wird es Sechse sein! –
Der Wisperwind, der Wisperwind,
Den kennt bis Oestrich jedes Kind!

Im September 1844 wurde das 'Glaubensbekenntnis' verboten. Es erging dieser Schrift nicht anders als Heinrich Heines 'Wintermärchen'. Das Verbot förderte den Verkauf kräftig. Freiligrath konnte

*sich darüber freuen, dass in Frankfurt am Main „die Weinstuben
bis nach Mitternacht vom Rezitieren seiner Verse" gezittert hätten.*

*Am 12. Mai 1851 war Freiligrath aus Düsseldorf nach England
gezogen. 1867 kehrte er zurück, auch auf Besuch in den Rheingau.
Resigniert hielt er den Daheimgebliebenen vor: „Die Republik trotz
Kampf und Wunden, habt ihr bis heute nicht gemacht." Am
18. März 1876 starb er friedlich, in einem Sessel sitzend.*

*Joseph Hufnagel starb am 15. Dezember 1914. Seine Kinder und
Enkel haben die Tradition der 'Krone'-Gästebücher fortgesetzt. Zusammen mit den Eintragungen, Zeichnungen, Aquarellen, Gemälden, mit Lithographien und Photos, Noten und Karikaturen bilden
sie eine (erhaltene!) reiche Quelle der Literatur- und Kulturge-
schichte. Hier findet sich von demokratischen und liberalen Tönen
über schrille nationale Klänge, von rheinseligen Weinversen, bur-
schenschaftlichem Geraune, deutschtümelndem Unsinn bis hin zu
guten Gedichten und schlechten Zeichnungen alles Erdenkliche.
Auch ein Dada-Gedicht des 'Oberdada', Johannes Baader.*

*Und hier waren sie alle: Victor von Scheffel, Theodor August von
Kobbe („Der Immermann war freilich Rat, doch Freiligrath sei immer Mann!"), Fallersleben nebst Schwiegertochter Agnes Simrock,
die Geibel, Keller, Rosegger, Otto Roquette, auch Gerhart Haupt-
mann und weit darüber hinaus dann Herbert von Karajan, Helmut
Kohl, Mitterand und wahrscheinlich doch auch Gerhard Schröder.*

Es folgt ein kleines Potpourri aus den Gästebüchern:

Zu Assmannshausen in der Krone,
da lebt sichs wirklich garnicht ohne.
Hufnagel heisst der wackre Wirt,
der das Regenten-Scepter führt,
Als Kronen-Träger unbeirrt
Zum allgemeinen Wohl regiert.
Wer fürstlich trinken will und schmausen,
Der ziehe hin nach Assmannshausen.

Tief in der Erd', im Weines-Keller,
Beim offnen Fass, im Schatten dicht,
Da ward's in ihnen hell und heller,
Vom innern assmannshäuser Licht.
„Allons enfants", schallt's in die Höh,
„Le jour de boire est arrivé!"

Londoner General-Anzeiger 1. 9. 1894.
Drei fahrende Sänger des Londoner
Gesangvereins „Sangeslust".

BEKEHRUNGSLIED ZWEIER VERSOFFENER
RECHTSKANDIDATEN AUS BONN

Es waren in Bonn 2 Rechtskandidaten,
die hatten bei manchen feuchtfröhlichen Taten
bei Alkohol und Mägdelein
den reinen Sinn beim guten Wein,
des Trinkens wahre Poesie,
verloren, – sie wußten selbst nicht wie.

In der Krone am sonnendurchglänzten Rhein
da tranken sie eine Flasche Wein –
aus der einen wurden bald zwei und drei.
Ihr Trinken ward doch keine Sauferei.
Drum möchten wir allen Rechtskandidaten
aus gutem Herzen dies eine raten:
Habt ihr in Bonn in dumpfer Schenke
zu sehr genossen manch üble Getränke,
dann auf zur Krone! Laßt Bonn nur prassen –
beim Trinken werdet das Saufen ihr lassen.

Die da wandern nach der Sonne
Ruhelos von Land zu Land,
haben nicht das stille Leuchten

in der eignen Brust gekannt.
Wundersamer Trost in Schmerzen;
Doch nur jene kennen ihn,
Die in Nacht und Sturm beharren
Und vor keinem Winter flieh'n.

Otto Ernst 24. 6. 1905 (Schriftsteller,
Groß-Flottbek 1862 – Hamburg 1926)

Was „Rheingold" und was „Nibelungen"!
Was „Rebenblut" und „Vater Rhein"!
Warum denn immerzu gesungen?
Man schenke lieber nochmal ein!

Ich will die Herren ja nicht kränken,
Sie dichteten, weil sie gemußt.
Doch bei so herrlichen Getränken
Scheint *mir* das Dichten Zeitverlust.

Daß sie mit zarten Verseranken
dem Wirte Reverenz bezeugt,
War eben *ihre* Art zu danken. –
Jedoch der *echte* Trinker – schweigt.

Egon Friedell 17. 8. 1909
(Schriftsteller, Wien 1878 – Wien 1938)

Oh, Rhein Du hast gut –
Dein Lauf duftet Wein
Sonne und Entzücken. –
Wasserhell umgischt Dich Schaum
Nixen durchwühlen ihr lockiges Haar
Gleich Erlebnis für Liebe
Kuss und Sehnen

Blut geilt Venen
Du trinkst Rhein klar
Wonn – Sonne es war
Hier und ergötzte
sich
der Oberdada Sibyllus

22. 7. 1921

GEMÄLDE IN ÖL

Rotes Laub grünt braun. Sonne steilt Reben – – –
Oktobrige Frühlingsstimmung – –
Zander ohne Gräten!!
Warum ist es am Rhein so schön?
„Ansichtskarten gefällig? Cigarren, Cigaretten?"
Abendliche Kühle durchwärmt den Leichnam –
(Bleyles Knabenanzüge sind die besten!)
Max, du trautes Tier; ich streichle dir:
Ich dir, du mir; wir? – –?
(Wohlfahrts hygienische Nachttischeinlagen)
Spinne (ein rheinisches Mädchen!) grault
Wand auf, Pantoffel durchzittert Luft –

Blut und Beine klexen quatschend Tapete
(Palmin ist die beste Pflanzenbutter!)
Und ruhig fliesst der Rhein – – –
Meinen lieben Hufnägeln
Der Oberdada Sektion Niederrhein

18. 10. 1921

Goethe und die Rheinromantik:
Winkel und Rüdesheim

Leider darf man an den Entscheidungen, die Goethes Lebensweg prägten, nicht herumkritteln. Sonst müsste man starkes Befremden darüber äußern, dass er den Rheingau nicht früher, nicht länger, nicht öfter besuchte. Denn alles, was ihm lieb und teuer war, fand (und findet) sich dort in stattlichen Mengen. Guter Wein, kultivierte Landschaft, Mineralien und botanisches Sammelgut, Kunstdenkmäler und Frauen jeden Alters, wovon noch die Rede sein wird. Seine seltenen kurzen Aufenthalte werden durch die Fülle der nachgelassenen Reliquien und Erinnerungstafeln kaum wettgemacht. Vergleicht man die literarischen Zeugnisse der 'Rhein-Romantiker' wie Clemens Brentano und Achim von Arnim mit Goethes 'Denkmal eines Reiseerlebnisses', dem 'Sankt Rochus-Fest zu Bingen', das 1817 im zweiten Heft von 'Kunst und Altertum' erschien, dann könnte man – hoch spekulativ – zu der Ansicht gelangen, Goethe habe den Rheingau den ungeliebten Romantikern mit Absicht überlassen. Goethe schildert das Fest mit freundlicher Objektivität als frommes wie politisches Ereignis. Alles ist konkret und anschaubar, hat Namen und Kontur. Die Romantiker hingegen benutzen die Landschaft als Kulisse, als Projektionsgelände innerer Wünsche und Träume. Der Rhein fließt als mythischer Strom zurück in ein mittelalterliches Märchenland mit Ruinen, Sagen und Gesängen voller poetischer Nebenklänge. Brentanos Gedichte wie 'Gut Nacht, mein Rhein', 'Märchen vom Rhein' oder 'Lore Lay' zeugen ebenso davon wie sein 'Märchen vom Rhein und dem Müller Radlauf'. Was Romantiker wie Brentano nicht daran hinderte als patriotische Sänger das napoleonische Frankreich zu verachten und den poetischen Rhein als Symbol der deutschen Einheit kräftig aufzuladen. Solche Scharmützel indes sind Vergangenheit. Goethes Schriften über den Rheingau stellen wir uns als Teppich vor, in den die Rheinromantiker blaue und goldene Fäden hineingewoben haben.

*Wir haben das Glück, mit dem Brentano-Haus in Winkel über
ein höchst lebendiges Denkmal für das Kapitel 'Goethe und der
Rheingau' zu verfügen. Das ist ein wenig übertrieben; denn ins
Haus, das kein Museum ist, kommt man nur nach telephonischer
Anmeldung oder bei hochrangigen Sonderveranstaltungen. Schließlich produzieren die Brentanos dort fleißig ihren Wein, den Winkeler Hasensprung, der heute als 'Goethe-Wein' zu 40 % exportiert
wird.*

*Zu Goethes Aufenthalt im September 1814 später mehr. Zunächst
sollen seine vorherigen Stippvisiten im Rheingau erwähnt werden,
die zum Teil mit der Brentano-Familie auf verwickelte Weise verbunden sind.*

*1772 gelangte Goethe von Wetzlar aus nach Ehrenbreitstein am
Rhein. Hier besuchte er Sophie von La Roche, die er samt Tochter
Maximiliane schon aus Frankfurt kannte.*
    *Die 16jährige verdreht ihm oder er ihr den Kopf, was aber nichts
daran ändern kann, dass sie zwei Jahre später den Frankfurter
Kaufmann Peter Anton Brentano heiratet. Goethe bleibt mit der
großen Familie in Kontakt und sollte später besonders an Bettina
eine durchaus gespaltene Freude haben.*
    *Am 20. September 1772, von Ehrenbreitstein aus, fuhr Goethe
den Rhein hinauf mit einer 'Yacht' nach Frankfurt. Vom Schiff aus
sah er zum ersten Mal den Rheingau: „... und obschon dieses an
sich sehr langsam ging, so ersuchten wir noch überdies den Schiffer,
sich ja nicht zu übereilen. So genossen wir mit Muße die unendlich
mannigfaltigen Gegenstände, die, bei dem herrlichsten Wetter, jede
Stunde an Schönheit zuzunehmen scheinen ..."*

*Im Juni 1793, kurz nach der Belagerung von Mainz, besucht er mit
dem Schiff zum ersten Mal Rüdesheim. Dann hält Weimar ihn fest,
halten andere Reisen und Kuraufenthalte ihn davon ab, in die Hei-
matregion zu kommen.*
    *Ende Juli 1814 kommt er nach Wiesbaden zur Kur, steigt zu-
nächst im 'Weißen Adler', dann gemeinsam mit seinem Berliner*

Rüdesheim

*Komponistenfreund Friedrich Zelter im 'Schwarzen Bären' ab.
Standesgemäß lädt ihn, den Weimarer Minister, immer wieder
sonntags der Nassauer Herzog ins Biebricher Schloss ein. Goethe
hat eine gute Phase. Er kurt mit Disziplin und Hingabe und
schreibt flüssig am 'West-östlichen Divan'.*

    *Aus Frankfurt kommen Brentanos zu Besuch, Franz, ein älterer
Stiefbruder von Clemens und Bettina, mit seiner Frau Antonia.
Franz entstammt der ersten Ehe von Peter Anton Brentano mit
oben erwähnter Maximiliane von La Roche. So schließen sich die
Kreise.*

    *Zum ersten Mal seit 24 Jahren voller Kriegswirren und Besetzung
des linken Rheinufers durch die Franzosen soll am 16. August das
traditionelle Sankt Rochus-Fest wieder gefeiert werden. Die zerstör-
te Rochuskapelle ist nach dem Pariser Friedensvertrag vom Juni
1814 rasch wieder aufgebaut worden, und schnell finden sich Scharen von Pilgern in Rüdesheim ein, um zum Rochus-Fest auf der
Bingener Rheinseite zu gelangen. Goethe, der nicht mehr gut zu
Fuß ist, schließlich steht sein 65. Geburtstag unmittelbar bevor, mie-*

tet für sich und seine Freunde eine Kutsche und kehrt am 15. *August* in der Rüdesheimer 'Krone' (später 'Zum Adler') neben dem Adlerturm ein. Dort erinnert heute eine Tafel auf der Rheinseite an den Besuch. Die kleine Rochus-Gesellschaft um Goethe besucht noch am Abend die Brömserburg (Autogramm im 'Verzeichnis Derjenigen Fremden, Welche Die Brömserburg Besuchten 1813– 1823' erhalten!), die der Universalgelehrte fälschlicherweise sogleich als römisches Kastell identifiziert.

Goethes Anwesenheit dürfte nicht nur angenehm gewesen sein. Er botanisiert, hämmert auf Mineralien herum, hat sich einen autoritären Ton angewöhnt und belehrt ständig seine Mitmenschen, wenn er nicht gerade aus Angst, sofort zitiert und gedruckt zu werden, schweigt. Er greift gern ein. Zum Beispiel bemerkt er in der Rochuskapelle, dass ein schönes Bild des heiligen Nothelfers fehlt. Nach eigener Skizze lässt er später in Weimar von Heinrich Meyer und Luise Seidler ein Bild malen, das den Heiligen zeigt, der auf Pilgerschaft geht und sein letztes Geld verschenkt. Einige, wohl vom Assmannshäuser Höllenberg vernebelte Kunstfreunde vermeinen im Heiligen Rochus die Züge Goethes zu erkennen. Das kann man heute im Nachfolgebau der Kapelle überprüfen, wo das Bild gut versteckt hängt.

SANKT-ROCHUS-FEST ZU BINGEN

Am 16. August 1814

Zu des Rheins gestreckten Hügeln,
Hochgesegneten Gebreiten,
Auen, die den Fluß bespiegeln,
Weingeschmückten Landesweiten
Möget, mit Gedankenflügeln,
Ihr den treuen Freund begleiten.

Vertraute gesellige Freunde, welche schon wochenlang in Wiesbaden der heilsamen Kur genossen, empfanden eines Tages eine gewisse Unruhe, die sie durch Ausführung längst gehegter Vorsätze zu beschwichtigen suchten. Mittag war schon vorbei und doch ein Wagen augenblicklich bestellt, um den Weg ins angenehme Rheingau zu suchen. Auf der Höhe über Biebrich erschaute man das weite prächtige Flußtal mit allen Ansiedelungen innerhalb der fruchtbarsten Gauen. Doch war der Anblick nicht vollkommen so schön, als man ihn am frühen Morgen schon öfters genossen, wenn die aufgehende Sonne soviel weiß angestrichene Haupt- und Giebelseiten unzähliger Gebäude, größerer und kleinerer, am Flusse und auf den Höhen beleuchtete. In der weitesten Ferne glänzte dann vor allen das Kloster Johannisberg, einzelne Lichtpunkte lagen dies- und jenseits des Flusses ausgesät.

Damit wir aber sogleich erführen, daß wir uns in ein frommes Land bewegten, entgegnete uns vor Mosbach ein italienischer Gipsgießer, auf dem Haupte sein wohlbeladenes Brett gar kühnlich im Gleichgewichte schwenkend. Die darauf schwebenden Figuren aber waren nicht etwa, wie man sie nordwärts antrifft, farblose Götter- und Heldenbilder, sondern, der frohen und heitern Gegend gemäß, bunt angemalte Heilige. Die Mutter Gottes thronte über allen; aus den vierzehn Nothelfern waren die vorzüglichsten auserlesen; der heilige Rochus in schwarzer Pilgerkleidung stand voran, neben ihm sein brottragendes Hündlein.

Nun fuhren wir bis Schierstein durch breite Kornfelder, hie und da mit Nußbäumen geschmückt. Dann erstreckt sich das fruchtbare Land links an den Rhein, rechts an die Hügel, die sich nach und nach dem Wege näher ziehen. Schön und gefährlich erscheint die Lage von Walluf unter einem Rheinbusen wie auf einer Landzunge. Durch reich befruchtete, sorgfältig unterstützte Obstbäume hindurch sah man Schiffe segeln, lustig, doppelt begünstigt, stromabwärts.

Auf das jenseitige Ufer wird das Auge gezogen; wohlgebaute, große, von fruchtbaren Gauen umgebene Ortschaften zeigen sich; aber bald muß der Blick wieder herüber: in der Nähe steht eine Kapellenruine, die, auf grüner Matte, ihre mit Efeu begrünten Mauern wundersam reinlich, einfach und angenehm erhebt. Rechts nun schieben Rebhügel sich völlig an den Weg heran.

In dem Städtchen Walluf tiefer Friede, nur die Einquartierungs-
kreide an den Haustüren noch nicht ausgelöscht. Weiterhin erscheint Weinbau zu beiden Seiten. Selbst auf flachem, wenig abhän-
gigem Boden wechseln Rebstücke und Kornfelder, entferntere Hügel rechts ganz bedeckt von Rebgeländern.

Und so, in freier umhügelter, zuletzt nordwärts von Bergen um-
kränzter Fläche liegt Elfeld, gleichfalls nah am Rheine, gegenüber
einer großen bebauten Aue. Die Türme einer alten Burg sowie der
Kirche deuten schon auf eine größere Landstadt, die sich auch in-
wendig durch ältere, architektonisch verzierte Häuser und sonst
auszeichnet.

Die Ursachen, warum die ersten Bewohner dieser Ortschaften
sich an solchen Plätzen angesiedelt, auszumitteln, würde ein ange-
nehmes Geschäft sein. Bald ist es ein Bach, der von der Höhe nach
dem Rhein fließt, bald günstige Lage zum Landen und Ausladen,
bald sonst irgend eine örtliche Bequemlichkeit.

Man sieht schöne Kinder und erwachsen wohlgebildete Menschen, alle haben ein ruhiges, keineswegs ein hastiges Ansehen.
Lustfuhren und Lustwandler begegneten uns fleißig, letztere öfters
mit Sonnenschirmen. Die Tageshitze war groß, die Trockenheit allgemein, der Staub höchst beschwerlich.

Unter Elfeld liegt ein neues, prächtiges, von Kunstgärten umge-
benes Landhaus. Noch sieht man Fruchtbau auf der Fläche links,
aber der Weinbau vermehrt sich. Orte drängen sich, Höfe fügen
sich dazwischen, so daß sie, hintereinander gesehen, sich zu berüh-
ren scheinen.

Alles dieses Pflanzenleben der Flächen und Hügel gedeiht in einem Kiesboden, der, mehr oder weniger mit Leimen gemischt, den
in die Tiefe wurzelnden Weinstock vorzüglich begünstigt. Die Gru-
ben, die man zu Überschüttung der Heerstraße ausgegraben, zeigen
auch nichts anders.

Erbach ist, wie die übrigen Orte, reinlich gepflastert, die Straßen
trocken, die Erdgeschosse bewohnt und, wie man durch die offenen
Fenster sehen kann, reinlich eingerichtet. Abermals folgt ein palastähn-
liches Gutsgebäude, die Gärten erreichen den Rhein, köstliche Terrassen und schattige Lindengänge durchschaut man mit Vergnügen.

Der Rhein nimmt hier einen andern Charakter an, es ist nur ein Teil desselben, die vorliegende Aue beschränkt ihn und bildet einen mäßigen, aber frisch und kräftig strömenden Fluß. Nun rücken die Rebhügel der rechten Seite ganz an den Weg heran, von starken Mauern getragen, in welchen eine vertiefte Blende die Aufmerksamkeit an sich zieht. Der Wagen hält still, man erquickt sich an einem reichlich quellenden Röhrwasser; dieses ist der Marktbrunnen, von welchem der auf der Hügelstrecke gewonnene Wein seinen Namen hat.

Die Mauer hört auf, die Hügel verflächen sich, ihre sanften Seiten und Rücken sind mit Weinstöcken überdrängt. Links Fruchtbäume. Nah am Fluß Weidichte, die ihn verstecken.

Durch Hattenheim steigt die Straße; auf der hinter dem Ort erreichten Höhe ist der Lehmboden weniger kiesig. Von beiden Seiten Weinbau, links mit Mauern eingefaßt, rechts abgeböscht. Reichardtshausen, ehemaliges Klostergut, jetzt der Herzogin von Nassau gehörig. Die letzte Mauerecke durchbrochen, zeigt einen anmutig beschatteten Akaziensitz.

Reiche, sanfte Fläche auf der fortlaufenden Höhe, dann aber zieht sich die Straße wieder an den Fluß, der bisher tief und entfernt gelegen. Hier wird die Ebene zu Feld- und Gartenbau benutzt, die mindeste Erhöhung zu Wein. Östreich, in einiger Entfernung vom Wasser auf ansteigendem Boden, liegt sehr anmutig: denn hinter dem Orte ziehen sich die Weinhügel bis an den Fluß, und so fort bis Mittelheim, wo sich der Rhein in herrlicher Breite zeigt. Langenwinkel folgt unmittelbar; den Beinamen des Langen verdient es, ein Ort bis zur Ungeduld der Durchfahrenden in die Länge gezogen, Winkelhaftes läßt sich dagegen nichts bemerken.

Vor Geisenheim erstreckt sich ein flaches, niederes Erdreich bis an den Strom, der es wohl noch jetzt bei hohem Wasser überschwemmt; es dient zu Garten- und Kleebau. Die Aue im Fluß, das Städtchen am Ufer ziehen sich schön gegeneinander; die Aussicht jenseits wird freier. Ein weites hüglichtes Tal bewegt sich zwischen zwei ansteigenden Höhen gegen den Hundsrück zu.

Wie man sich Rüdesheim nähert, wird die niedere Fläche links immer auffallender, und man faßt den Begriff, daß in der Urzeit,

als das Gebirge bei Bingen noch verschlossen gewesen, das hier
aufgehaltene, zurückgestauchte Wasser diese Niederung ausgegli-
chen, und endlich, nach und nach ablaufend und fortströmend, das
jetzige Rheinbett daneben gebildet habe.

Und so gelangten wir in weniger als viertehalb Stunden nach
Rüdesheim, wo uns der Gasthof zur Krone, ohnfern des Tores anmutig gelegen, sogleich anlockte.

Er ist an einen alten Turm angebaut und läßt aus den vordern
Fenstern rheinabwärts, aus der Rückseite rheinaufwärts blicken;
doch suchten wir bald das Freie. Ein vorspringender Steinbau ist
der Platz, wo man die Gegend am reinsten überschaut. Flußauf-
wärts sieht man von hier die bewachsenen Auen in ihrer ganzen
perspektivischen Schönheit. Unterwärts am gegenseitigen Ufer
Bingen, weiter hinabwärts den Mäuseturm im Flusse.

Von Bingen heraufwärts erstreckt sich, nahe am Strom, ein Hügel gegen das obere flache Land. Er läßt sich als Vorgebirg in den
alten höheren Wassern denken. An seinem östlichen Ende sieht
man eine Kapelle, dem heiligen Rochus gewidmet, welche soeben
vom Kriegsverderben wieder hergestellt wird. An einer Seite stehen
noch die Rüststangen; dem ohngeachtet aber soll morgen das Fest
gefeiert werden. Man glaubte, wir seien deshalb hergekommen, und
verspricht uns viel Freude.

Und so vernahmen wir denn: daß während den Kriegszeiten, zu
großer Betrübnis der Gegend, dieses Gotteshaus entweiht und ver-
wüstet worden. Zwar nicht gerade aus Willkür und Mutwillen, sondern weil hier ein vorteilhafter Posten die ganze Gegend über-
schaute und einen Teil derselben beherrschte. Und so war das Gebäude denn aller gottesdienstlichen Erfordernisse, ja aller Zierden
beraubt, durch Biwaks angeschmaucht und verunreinigt, ja durch
Pferdestallung geschändet.

Deswegen aber sank der Glaube nicht an den Heiligen, welcher
die Pest und ansteckende Krankheiten von Gelobenden abwendet.
Freilich war an Wallfahrten hierher nicht zu denken; denn der Feind,
argwöhnisch und vorsichtig, verbot alle fromme Auf- und Umzüge
als gefährliche Zusammenkünfte, Gemeinsinn befördernd und Verschwörungen begünstigend. Seit vierundzwanzig Jahren konnte da-

her dort oben kein Fest gefeiert werden. Doch wurden benachbarte Gläubige, welche von den Vorteilen örtlicher Wallfahrt sich überzeugt fühlten, durch große Not gedrängt, das Äußerste zu versuchen. Hiervon erzählen die Rüdesheimer folgendes merkwürdige Beispiel: In tiefer Winternacht erblickten sie einen Fackelzug, der sich ganz unerwartet, von Bingen aus, den Hügel hinauf bewegte, endlich um die Kapelle versammelte, dort, wie man vermuten könne, seine Andacht verrichtete. Inwiefern die damaligen französischen Behörden dem Drange dieser Gelobenden nachgesehen, da man sich ohne Vergünstigung dergleichen wohl kaum unterfangen hätte, ist niemals bekannt geworden, sondern das Geschehene blieb in tiefer Stille begraben.

Alle Rüdesheimer jedoch, die, ans Ufer laufend, von diesem Schauspiel Zeugen waren, versichern: seltsamer und schauderhafter in ihrem Leben nichts gesehen zu haben.

Wir gingen sachte den Strand hinab, und wer uns auch begegnete, freute sich über die Wiederherstellung der nachbarlichen heiligen Stätte: denn obgleich Bingen vorzüglich diese Erneuerung und Belebung wünschen muß, so ist es doch eine fromme und frohe Angelegenheit für die ganze Gegend, und deshalb eine allgemeine Freude auf morgen.

Denn der gehinderte, unterbrochene, ja oft aufgehobene Wechselverkehr der beiden Rheinufer, nur durch den Glauben an diesen Heiligen unterhalten, soll glänzend wieder hergestellt werden. Die ganze umliegende Gegend ist in Bewegung, alte und neue Gelübde dankbar abzutragen. Dort will man seine Sünde bekennen, Vergebung erhalten, in der Masse so vieler zu erwartenden Fremden längst vermißten Freunden wieder begegnen.

Unter solchen frommen und heitern Aussichten, wobei wir den Fluß und das jenseitige Ufer nicht aus dem Auge ließen, waren wir, das weit sich erstreckende Rüdesheim hinab, zu dem alten römischen Kastell gelangt, das, am Ende gelegen, durch treffliche Mauerung sich erhalten hat. Ein glücklicher Gedanke des Besitzers, des Herrn Grafen Ingelheim, bereitete hier jedem Fremden eine schnell belehrende und erfreuliche Übersicht.

Man tritt in einen brunnenartigen Hof, der Raum ist eng, hohe schwarze Mauern steigen wohlgefügt in die Höhe, rauh anzusehen, denn die Steine sind äußerlich unbehauen, eine kunstlose Rustika. Die steilen Wände sind durch neu angelegte Treppen ersteiglich; in dem Gebäude selbst findet man einen eigenen Kontrast wohleingerichteter Zimmer und großer, wüster, von Wachfeuern und Rauch geschwärzter Gewölbe. Man windet sich stufenweise durch finstere Mauerspalten hindurch und findet zuletzt, auf turmartigen Zinnen, die herrlichste Aussicht. Nun wandeln wir in der Luft hin und wider, indessen wir Gartenanlagen, in den alten Schutt gepflanzt, neben uns bewundern. Durch Brücken sind Türme, Mauerhöhen und Flächen zusammen-gehängt, heitere Gruppen von Blumen und Strauchwerk dazwi-schen; sie waren diesmal regenbedürftig, wie die ganze Gegend.

Nun, im klaren Abendlichte, lag Rüdesheim vor und unter uns. Eine Burg der mittlern Zeit, nicht fern von dieser uralten. Dann ist die Aussicht reizend über die unschätzbaren Weinberge; sanftere und steilere Kieshügel, ja Felsen und Gemäuer sind zu Anpflan-zung von Reben benutzt. Was aber auch sonst noch von geistlichen und weltlichen Gebäuden dem Auge begegnen mag, der Johannis-berg herrscht über alles.

Nun mußte denn wohl, im Angesicht so vieler Rebhügel, des Eilfers in Ehren gedacht werden. Es ist mit diesem Weine wie mit dem Namen eines großen und wohltätigen Regenten: er wird je-derzeit genannt, wenn auf etwas Vorzügliches im Lande die Rede kommt; ebenso ist auch ein gutes Weinjahr in aller Munde. Ferner hat denn auch der Eilfer die Haupteigenschaft des Trefflichen: er ist zugleich köstlich und reichlich.

In Dämmerung versank nach und nach die Gegend. Auch das Verschwinden so vieler bedeutender Einzelheiten ließ uns erst recht Wert und Würde des Ganzen fühlen, worin wir uns lieber verloren hätten; aber es mußte geschieden sein.

Nun endlich finden wir Goethe im Winkeler Landgut der Brenta-nos. Zum 65. Geburtstag, den Frau von Holzhausen im Wiesbade-ner Kursaal mit einem 'großen und überreichlichen Frühstück' hatte beginnen lassen, schickte Antonia Brentano zehn Flaschen des 'Eilfer' Weines (vom Jahrgang 1811) nach Wiesbaden.

Als Revanche kam Goethe nun tatsächlich in eigener Person.
Vom 1. bis zum 8. September 1814 weilte er in dem Haus, in dem
berühmte romantische Schriftsteller, Musiker und Gelehrte ver-
kehrten. Auch Christoph Martin Wieland war dort gewesen. Jahre
zuvor wohnten in Winkel zeitweilig die jüngeren Kinder aus der
zweiten Ehe von Franz Brentanos verstorbenem Vater, Clemens
und Bettina, seine Halbgeschwister also. Bettina hatte von dort aus
an Goethe ihre nicht gerade wenigen Briefe geschrieben, die später,
nach Goethes Tod, als 'Briefwechsel mit einem Kinde' berühmt wer-
den sollten.

Goethe erkundete die Umgebung eifrig, entzückte seine Gastgeber
nicht nur, sondern war auch mürrisch und herrisch, trank viel und
aß wenig, obwohl er sich vorsorglich riesige Portionen auf den Teller
zu schaufeln pflegte.

Schloss Vollrads fand er in schlechtem Zustand. Nach dem Got-
tesdienst in der katholischen Kirche Winkel besuchte er das 'Graue
Haus', das nicht nur er mit dem Mainzer Erzbischof Hrabanus
Maurus in Verbindung brachte, der 856 in Winkel gestorben war.
Heute gilt es ohne Beziehung zu Hrabanus Maurus als eines der
ältesten bewohnten Steinhäuser Deutschlands.

Am letzten Tag entwirft er in dem nur 8 qm großen Arbeitszim-
mer mit Rheinblick die zwei Jahre später vollendete Reisebeschrei-
bung 'Im Rheingau Herbsttage':

IM RHEINGAU HERBSTTAGE

Supplement des Rochus-Festes 1814

Das lebendige Schauen der nunmehr zu beschreibenden Örtlich-
keiten und Gegenstände verdanke ich der geliebten wie verehrten
Familie Brentano, die mir an den Ufern des Rheins, auf ihrem
Landgute zu Winkel, viele glückliche Stunden bereitete.

Die herrliche Lage des Gebäudes läßt nach allen Seiten die
Blicke frei, und so können auch die Bewohner, zu welchen ich

mehrere Wochen mich dankbar zählte, sich ringsumher, zu Wasser und Land, fröhlich bewegen. Zu Wagen, Fuß und Schiff erreichte man auf beiden Ufern die herrlichsten, oft vermuteten, öfters unvermuteten Standpunkte. Hier zeigt sich die Welt mannigfaltiger, als man sie denkt; das Auge selbst ist sich in der Gegenwart nicht genug: wie sollte nunmehr ein schriftliches Wort hinreichen, die Erinnerung aus der Vergangenheit hervorzurufen? Mögen deshalb diese Blätter wenigstens meinem Gefühl an jenen unschätzbaren Augenblicken und meinem Dank dafür treulich gewidmet sein.

Den 1. September

Kloster Eibingen gibt den unangenehmsten Begriff eines zerstörten würdigen Daseins. Die Kirche, alles Zubehörs beraubt, Zimmer und Säle ohne das mindeste Hausgerät, die Zellenwände eingeschlagen, die Türen nach den Gängen mit Riegeln verzimmert, die Fache nicht ausgemauert, der Schutt umherliegend. Warum denn aber diese Zerstörung ohne Zweck und Sinn? Wir vernehmen die Ursache. Hier sollte ein Lazarett angelegt werden, wenn der Kriegsschauplatz in der Nähe geblieben wäre. Und so muß man sich noch über diesen Schutt und über die verlassene Arbeit freuen. Man scheint übrigens gegenwärtig die leeren Räume zu Monturkammern und Aufbewahrung älterer, wenig brauchbarer Kriegsbedürfnisse benutzen zu wollen. Im Chor liegen Sättel gereihet, in Sälen und Zimmern Tornister, an abgelegten Montierungsstücken fehlt es auch nicht, so daß, wenn eine der Nonnen vor Jahren die Gabe des Vorgesichts gehabt hätte, sie sich vor der künftigen Zerrüttung und Entweihung hätte entsetzen müssen. Die Wappen dieser ehemals hier beherbergten und ernährten Damen verzieren noch einen ausgeleerten Saal.

Hierauf besuchten wir in Rüdesheim das Brömserische Gebäude, welches zwar merkwürdige, aber unerfreuliche Reste aus dem sechzehnten Jahrhundert enthält. Nur ist ein Familiengemälde der Herren von Kronberg, von 1549, in seiner Art besonders gut und der Aufmerksamkeit aller Freunde des Altertums und der Kunst würdig.

In der Stadtkirche auf dem Markt befindet sich das Wunderbild, das ehemals so viele Gläubige nach Not Gottes gezogen hatte. Christus kniend, mit aufgehobenen Händen, etwa acht Zoll hoch, wahrscheinlich die übrig gebliebene Hauptfigur einer uralten Ölbergsgruppe. Kopf und Körper aus Holz geschnitzt. Das Gewand von feinem Leinenzeuge aufgeklebt, fest anliegend wo die Falten schon ins Holz geschnitzt waren, an den rohen Armen aber locker, die Ärmel bildend und ausgestopft, das Ganze bekreidet und bemalt. Die angesetzten Hände zwar zu lang, die Gelenke und Nägel hingegen gut ausgedrückt; aus einer nicht unfähigen, aber ungeschickten Zeit.

Den 2. September

Ungefähr in der Mitte von Winkel biegt man aus nach der Höhe zu, um Vollrads zu besuchen. Erst geht der Weg zwischen Weinbergen, dann erreicht man eine Wiesenfläche; sie ist hier unerwartet, feucht und mit Weiden umgeben. Am Fuß des Gebirges, auf einem Hügel, liegt das Schloß, rechts und links fruchtbare Felder und Weinberge, einen Bergwald von Buchen und Eichen im Rücken.

Der Schloßhof, von ansehnlichen Wohn- und Haushaltungsgebäuden umschlossen, zeugt von altem Wohlstande, der kleinere hintere Teil desselben ist den Feldbedürfnissen gewidmet.

Rechts tritt man in einen Garten, der, wie das Ganze, von altem Wohlhaben und gutsherrlicher Vorsorge zeugt, und jetzt als eine belebte Ruine uns eigentümlich anspricht. Die sonst pyramiden- und fächerartig gehaltenen Obstbäume sind zu mächtigen Stämmen und Ästen kunstlos wild ausgewachsen, überschatten die Beete, ja verdrängen die Wege und geben, von vortrefflichem Obste reich behangen, den wundersamsten Anblick. Eine Lustwohnung, von dem Kurfürsten aus der Greifenklauischen Familie erbaut, empfängt mit sichtbarstem Verfall den Eintretenden. Die untern Räume sind völlig entadelt, der Saal des ersten Stocks erweckt durch

Familienbilder, die ohne gut gemalt zu sein, doch die Gegenwart der Persönlichkeiten aussprechen, das Andenken einer früheren blühenden Zeit. Lebensgroß sitzt ein behaglicher Greifenklau, der auf sich und seinen Zustand sich etwas einbilden durfte. Zwei Gattinnen und mehrere Söhne, Domherren, Soldaten und Hofleute, stehen ihm zur Seite, und was von Kindern, vielleicht auch Verwandten auf ebenem Boden nicht Platz fand, erscheint als Gemälde im Gemälde oben im Bilde. So hängen auch Kurfürsten, Domherren und Ritter lebensgroß, in ganzen und halben Figuren umher, in dem nicht verwüsteten, aber wüsten Saale, wo alte reiche Stühle, zwischen vernachlässigten Samenstauden und anderm Unrat, unordentlich noch ihren Platz behaupten. In den Seitenzimmern schlottern die Goldledertapeten an den Wänden, man scheint die Tapeziernägel, die sie festhielten, zu anderm Gebrauch herausgezogen zu haben.

Wendet nun das Auge von diesem Greuel sich weg gegen das Fenster, so genießt es, den verwilderten fruchtbaren Garten unter sich, der herrlichsten Aussicht. Durch ein sanft geöffnetes Tal sieht man Winkel nach seiner Länge; überrheinisch sodann Unter- und Oberingelheim, in fruchtbarer Gegend. Wir gingen durch den vernachlässigten Garten, die Baumschulen aufzusuchen, die wir aber in gleichem Zustande fanden; der Gärtner, wollte man wissen, liebe die Fischerei.

Draußen, unter dem Garten, auf der Wiese, zog eine große wohlgewachsene Pappel unsere Aufmerksamkeit an sich; wir hörten, sie sei am Hochzeitsfeste des vorletzten Greifenklau gepflanzt, dessen Witwe noch zuletzt diese Herrlichkeiten mit ungebändigter Lust genossen habe. Nach dem frühzeitigen Tode eines Sohnes aber ging der Besitz dieses schönen Guts auf eine andere Linie hinüber, welche, entfernt wohnend, für dessen Erhaltung weniger besorgt zu sein scheint. Einen wunderlichen, in einen kleinen Teich gebauten Turm gingen wir vorüber und verfügten uns in das ansehnliche Wohngebäude.

Hatten wir gestern im Kloster Eibingen die Zerstörung gesehen, welche durch Änderung der Staatsverhältnisse, Religionsbegriffe, durch Kriegsläufe und andere Sorgen und Bedürfnisse mit Willen und Unwillen einreißt, sahen wir dort ein aufgehobenes Kloster: so fanden wir hier die Spuren einer alten Familie, die sich selbst aufhebt. Die ehrwürdigen Stammbäume erhielten sich noch an den Wänden der umherlaufenden Gänge. Hier sproßten Greifenklaue und Sickingen gegeneinander über und verzweigten sich ins Vielfache; die vornehmsten und berühmtesten Namen schlossen sich weiblicherseits an den Greifenklauischen.

Auf einem andern dieser Bilder knieten Bischöfe, Äbte, Geistliche, Frauen unter dem Baume, von dem sie entsprossen, Heil erbittend. Ein drittes Gemälde dieser Art war mutwillig oder absichtlich entstellt; es hatte jemand den Stammvater herausgeschnitten, vielleicht ein Liebhaber solcher Altertümer, denen nirgends zu trauen ist. Da schwebten nun Äste und Zweige in der Luft, das Verdorren weissagend.

Wie unterhaltend übrigens in guten lebendigen Zeiten diese Galerien für Familienglieder, für Verwandte müssen gewesen sein, kann man noch daraus ermessen, daß die Grundrisse mancher Besitzungen mit ihren Grenzen, Gerechtsamen, streitigen Bezirken, und was sonst bemerklich sein mochte, hier aufgehangen und vor das Auge gebracht sind.

Doch fehlte nunmehr manches, was Besuchende hier in früherer Zeit gekannt hatten, und wir entdeckten zuletzt in einer Kammer sämtliche Familienbilder, flözweise übereinander geschichtet und dem Verderben geweiht. Einige sind wert erhalten zu sein, allen hätte man wohl einen Platz an den Wänden gegönnt. In wenigen Zimmern finden sich noch Stühle und Bettstellen, Kommoden und dergleichen, durch Zeit und Unordnung langsam verdorben und unbrauchbar.

In der kleinen Kapelle wird noch Gottesdienst gehalten, auch diese ist nur notdürftig reinlich. Ein paar kleine griechische Bildchen verdienen kaum aus diesem allgemeinen Verderben gerettet zu werden.

Aus solchen traurigen Umgebungen eilten wir in die reiche frohe Natur, indem wir auf der Höhe des Hügels, Weinberge links, frischgeackerte Fruchtfelder rechts, dem Johannisberg zugingen. Die Grenze des Weinbaues bezeichnet zugleich die Grenze des aufgeschwemmten Erdreichs; wo die Äcker anfangen, zeigt sich die ursprüngliche Gebirgsart. Es ist ein Quarz, dem Tonschiefer verwandt, der sich in Platten und Prismen zu trennen pflegt.

Man kann nicht unterlassen, links hinterwärts, nach dem Fluß und nach den ihn an beiden Ufern begleitenden Landschaften und Wohnlichkeiten umzuschauen, die, im einzelnen schon bekannt, mit größerem Anteil im ganzen überblickt werden.

Überrascht wird man aber doch, wenn man auf den Altan des Johannisberger Schlosses tritt. Denn wollte man auch alle in der Festbeschreibung genannten Orte und Gegenstände wiederholen, so würde sich doch nur dasjenige allenfalls in der Folge dem Gedächtnis darstellen, was man hier auf einmal übersieht, wenn man, auf demselben Flecke stehend, den Kopf nur rechts und links wendet. Denn von Biebrich bis Bingen ist alles einem gesunden oder bewaffneten Auge sichtbar. Der Rhein, mit den daran gegürteten Ortschaften, mit Inselauen, jenseitigen Ufern und ansteigenden Gefilden. Links oben die blauen Gipfel des Altkönigs und Feldbergs, gerade vor uns der Rücken des Donnersbergs! Er leitet das Auge nach der Gegend woher die Nahe fließt. Rechts unten liegt Bingen, daneben die ahnungsvolle Bergschlucht wohin sich der Rhein verliert.

Die uns im Rücken verweilende Abendsonne beleuchtete diese mannigfaltigen Gegenstände an der uns zugekehrten Seite. Leichte, seltsam, streifenweis vom Horizont nach dem Zenit strebende Wolken unterbrachen die allgemeine Klarheit des Bildes, wechselnde Sonnenblicke lenkten jetzt die Aufmerksamkeit bald da- bald dorthin, und das Auge ward stellenweise mit einzelner frischer Anmut ergötzt. Der Zustand des Schlosses selbst störte nicht diese angenehmen Eindrücke. Leer steht's, ohne Hausgerät, aber nicht verdorben.

Bei untergehender Sonne bedeckte sich der Himmel von allen Seiten mit bunten, immer auf den Horizont sich beziehenden, pfeilförmigen Streifen, sie verkündigten eine Wetterveränderung, über welche die Nacht entscheiden wird.

Der Morgenhimmel, erst völlig umwölkt, erheiterte sich bei fort-
dauerndem Nordwind. Nachdem wir in Geisenheim, bei einem
Handelsmanne, ein altes Gemälde gesehen, ging der Weg aufwärts
durch einen Eichenbusch, welcher alle vierzehn Jahre zum Behuf
der Gerberei abgetrieben wird. Hier findet sich das Quarzgestein
wieder und weiter oben eine Art von Totliegendem. Rechts blickt
man in ein tiefes, von alten und jungen Eichen vollgedrängtes Berg-
tal hinab; die Türme und Dächer eines alten Klosters zeigen sich,
von dem reichsten Grün ganz eingeschlossen, in wildem einsamem
Grunde: eine Lage übereinstimmend mit dem Namen dieser heiligen Stätte, denn man nennt sie noch immer Not Gottes, obgleich
das Wunderbild, das dem Ritter hier seine Not zujammerte, in die
Kirche von Rüdesheim versetzt worden. Völlig unwirtbar erschiene
diese Stelle noch jetzt, hätte man nicht einen kleinen Teil der angrenzenden Höhe gerodet und dem Feldbau gewidmet.

Aufwärts dann, eine hochgelegene bebaute Fläche hin, geht der
Weg, bis man endlich auf den Niederwald gelangt, wo eine gerade,
lange, breite Fahrstraße vornehme Anlagen verkündigt. Am Ende
derselben steht ein Jagdschloß mit Nebengebäuden. Schon vor dem
Hofraum, besser von einem Türmchen, sieht man in der ungeheu-
ren Schlucht den Rhein abwärts fließen. Lorch, Trechlingshausen,
Bacharach sind hüben und drüben zu sehen, und mir war in diesem
Blick der Anfang einer neuen Gegend und der völlige Abschluß des
Rheingaues gegeben.

Auf einem Spaziergang durch den Wald gelangte man zu verschiedenen Aussichten und endlich zu einem auf einer Felskuppe
des Vorgebirgs liegenden Altan, von welchem eine der schönsten
Übersichten genossen wird. Tief unter uns die Strömung des Binger
Lochs, oberhalb derselben den Mäuseturm. Die Nahe durch die
Brücke von Bingen herfließend, aufwärts der Bergrücken der Rochuskapelle und was dem angehört, eine große in allen Teilen man-
nigfaltige Ansicht. Wendet sich das Auge zurück und unterwärts,
so sehen wir das verfallene Schloß Ehrenfels zu unsern Füßen.

Durch eine große wohlbestandne Waldstrecke gelangt man zu

dem gegen Norden gerichteten runden Tempel. Hier blickt man von neuem rheinaufwärts, und findet Anlaß alles zu summieren was man diese Tage her gesehen und wieder gesehen hat. Wir sind mit den Gegenständen im einzelnen wohlbekannt, und so läßt sich durch das Fernrohr, ja sogar mit bloßen Augen manches Besondere, nah und fern, schauen und bemerken.

Wer sich in der Folge bemühte den Niederwald besser darzustellen, müßte im Auge behalten, wie das Grundgebirge von Wiesbaden her immer mehr an den Rhein heranrückt, den Strom in die westliche Richtung drängt, und nun die Felsen des Niederwaldes die Grenzen sind, wo er seinen nördlichen Weg wieder antreten kann.

Der steile Fußpfad nach Rüdesheim hinab führt durch die herrlichsten Weinberge, welche mit ihrem lebhaften Grün in regelmäßigen Reihen, wie mit wohlgewirkten Teppichen, manche sich anund übereinander drängende Hügel bekleiden.

Den 4. September

Früh in der Kirche, wo der Gottesdienst, wegen einer Greifenklauischen Stiftung, feierlicher als gewöhnlich begangen wurde. Geputzte und bekränzte Kinder knieten an den Seitenstufen des Altars und streuten in den Hauptmomenten des Hochamtes Blumenblätter aus ihren Körbchen; weil sie aber verschwenderisch damit umgingen und doch in dem feierlichsten Augenblick nicht fehlen wollten, rafften sie das Ausgestreute wieder in ihre Körbchen und die Gabe ward zum zweiten Male geopfert.

Sodann zu der verfallenen, in ein Winzerhaus verwandelten Kapelle des heiligen Hrabanus. Sie soll das erste Gebäude in Winkel gewesen sein; alt genug scheint es. Die Erde, oder vielmehr der Schutt, aufgerafft an der Stelle wo der Altar gestanden, soll Ratten und Mäuse vertreiben. (...)

Auf einem Spaziergange, bei Gelegenheit daß eine Mauer errichtet wurde, erfuhr ich, daß der Kalkstein, welcher fast ganz aus kleinen Schnecken besteht, an den jenseitigen Höhen und mehreren Orten gebrochen werde. Da diese Schnecken, nach der neuesten Überzeugung, Ausgeburten des süßen Wassers sind, so wird die ehemalige Restagnation des Flusses zu einem großen See immer anschaulicher.

Man zeigte mir am Rheine zwischen einem Weidicht den Ort, wo Fräulein von Günderode sich entleibt. Die Erzählung dieser Katastrophe an Ort und Stelle, von Personen, welche in der Nähe gewesen und teil genommen, gab das unangenehme Gefühl, was ein tragisches Lokal jederzeit erregt. Wie man Eger nicht betreten kann, ohne daß die Geister Wallensteins und seiner Gefährten uns umschweben.

Von diesen tragischen Gefühlen wurden wir befreit, indem wir uns nach den Gewerben des Lebens erkundigten.

Gerberei. Der Stockausschlag eines abgetriebenen Eichenbusches braucht dreizehn bis vierzehn Jahre; dann werden die jungen Eichen geschält, entweder am Stamme, oder schon umgeschlagen, dies muß im Safte geschehen. Diese Schale wird von fernen Orten hergeholt, vom Neckar über Heidelberg, von Trier und so weiter. Die Wasserfahrt erleichtert das Geschäft. Mühlen zum Kleinmahlen der Lohe. Häute, die nordamerikanischen, kommen während der letzten Zeit immer über Frankreich. Behandlung der Häute, Zeit des Garwerdens.

Weinbau. Mühe dabei. Vorteile, Gewinn, Verlust. Anno 1811 wurden in Winkel achthundert Stück Wein gebaut. Großer Ertrag des Zehnten. Die Güte des Weins hängt von der Lage ab, aber auch von der spätern Lese. Hierüber liegen die Armen und Reichen beständig im Streite; jene wollen viel, diese guten Wein. Man behauptet, es gebe um den Johannisberg bessere Lagen; weil aber jener, als eingeschlossener Bezirk, seine Weinlese ungehindert verspäten könne, daher komme die größere Güte des Erzeugnisses. In den Gemeindebezirken werden die Weinberge einige Zeit vor der Lese geschlossen, auch der Eigentümer darf nicht hinein. Will er Trauben, so muß er einen verpflichteten Mann zum Zeugen rufen.

Und so hätten wir denn abermals mit dem glücklichen Rundworte geschlossen:

Am Rhein! am Rhein!
Da wachsen unsre Reben!

Im folgenden Jahr fährt Goethe wieder nach Wiesbaden zur Kur. Am 27. Mai kommt er dort an, wohnt wieder im 'Schwarzen Bären' und genießt das bekömmliche Kurleben. Im Mineralkabinett des Freundes Bergrat Cramer studiert er mit Hingabe. Die Stimmung aber ist durch den Schlaganfall seiner Frau Christiane in Weimar stark getrübt. Sie fährt nach Karlsbad zur Kur.

Von Anfang Juli bleibt eine Episode zu berichten, die ihre Spuren in Form des Goethesteins hinterlassen hat, der sich oberhalb der Gaststätte Nürnberger Hof in Frauenstein befindet. Mit der Familie Cramer unternahm man einen Ausflug zum Nürnberger Hof. Mit von der Partie war die 17jährige Phillipine Lade, die Goethe schon im Jahr zuvor kennengelernt und als begabte künftige Schauspielerin ausgeguckt hatte. Sie versuchte sich an einer kleinen Naturskizze, die aber Goethe nicht besonders gefiel. „Ach! Sie können alles besser machen als ich!" rief sie aus und zerriss ihre Arbeit.

„Eines aber kann ich, was Sie nicht können!" ließ sie verlauten und rannte schnell einen Weinberg hinauf. In trauriger Überschätzung versuchte der 66jährige Dichter ihr nachzulaufen, stürzte aber und geriet in eine ziemlich gefährliche Lage, aus der ihn erst herbeieilende Passanten befreiten. Das Mädchen weinte. Goethe lachte und tröstete Phillipine.

Der Goethestein ist eine spitz nach oben verlaufende Pyramide, die treffend eine Sentenz des Dichters verkörpert: „Diese Begierde, die Pyramide meines Daseins, deren Basis mir angegeben und begründet ist, so hoch als möglich in die Luft zu spitzen, überwiegt alles andere."

Am 19. Juli 1815 wurde Goethe zur Übergabe von Schloss Johannisberg an die Krone von Österreich vom Freiherrn von Hügel

Schloss Johannisberg

eingeladen. Ein Jahr später sollte der Kaiser in Wien das begehrte Anwesen seinem langjährigen Außenminister und Drahtzieher auf dem Wiener Kongress, dem aus Koblenz stammenden Fürsten von Metternich, vermachen.

Goethe fuhr dann über Limburg nach Nassau, wo er den Freiherrn vom Stein traf. Mit ihm reiste er weiter nach Köln, um auf Anraten des berühmten Sammlers Sulpiz Boisserée endlich den Dom zu besichtigen. Er war es auch, der Goethe zu seinem ausführlichen Aufsatz 'Über Kunst und Altertum in den Rhein- und Maingegenden' anregte. Zusammen mit den hier abgedruckten autobiographischen Berichten bildet diese Schrift den literarischen Ertrag von Goethes Reisen an den Rhein.

Schließlich kehrte Goethe nach Wiesbaden zurück, um dann im September in Frankfurt mit Marianne von Willemer – auch in der Gerbermühle – am 'West-östlichen Divan' zu arbeiten. Die dritte Rheinreise im folgenden Jahr endete am 20. Juli, 'kurz vor Münchenholzen' mit einem Achsenbruch des Reisewagens. Es ging gleich

zurück nach Weimar und dann ersatzweise zur Kur nach Bad Tenn-
stedt. Am 6. Juni war Christiane gestorben.

Mit farbigen Abbildungen ausgestattet zeichnet ein empfehlens-
wertes Buch Goethes Rheingau-Reisen detailliert nach: Klaus R.
Kietz: Goethes Reisen in den Rheingau, Geisenheim 1998.

Bettina Brentano

*Von Mitte Mai bis Mitte Juli 1808 besuchte Bettina Brentano, die
'Sibylle der romantischen Literaturperiode', den Rheingau. Mit
dem Schiff war sie aus Frankfurt gekommen, um im Sommerhaus
der Familie in Winkel an der Landstraße nach Geisenheim zu wohnen. Ihr Stiefbruder Franz hatte den spätbarocken großen Bau 1806
übernommen. Sie konnte die schwärmerische Rheingau-Begeisterung ihres Bruders Clemens zunächst nicht teilen. In einem Brief
an Goethes Mutter schreibt sie:*

... Ach, Frau Mutter!' Was ist hier in dem Langenwinkel für ein
wunderlich Leben; das soll schöne Natur sein und ist es auch gewiß, ich hab' nur keinen Verstand, es zu erkennen. Eh' meine Augen hinüber auf den Johannisberg schweifen, werden sie von ein
paar schmutzigen Gassen in Beschlag genommen und von einem
langen Feld raupenfräßiger Quetschen- und Birnbäume.

Aus jedem Gaubloch hängen Perlschnüre von getrockneten
Schnitzeln und Hutzeln; der Lohgerber gegenüber uns durch-
dampft alle Wohlgerüche der Luft; alle fünf Sinne gehören dazu,
um etwas in seiner Schönheit zu empfinden, und wenn auch die
ganze Natur noch so sehr entzückend wär' und ihr Duft führte
nicht auch den Beweis, so wär' der Prozeß verloren.

Die Orgel klingt auch ganz falsch hier in der Kirche. Man mußte
von Frankfurt bis Winkel reisen, um eine so große Disharmonie zu
Ehren Gottes aufführen zu hören ...

*Ende des Monats, in einem Brief an Achim von Arnim hörte es sich
schon ganz anders an:*

Da bin ich nun schon zwei Tage, komme eben von einem heißen

lieben Spaziergang über den Johannisberg, siehst Du, es ist ganz göttlich hier. Die Bäume schüttlen eben noch ihren letzten Blütenschmuck über die Wandrer; unser Haus ist freundlich, die Zimmer haben etwas Zellenartiges, ein jedes hat, immer nur ein Bett, ein Fenster, einen Tisch und einen Stuhl ...

In langen Briefen an Goethes Mutter erzählt sie liebevoll kritische Einzelheiten aus dem Leben im Landsitz von Winkel:
Hier ist's sehr voll von Rheingästen; wenn ich morgens durch den dicken Nebel einen Nachen hervorstehen seh', da lauf ich ans Ufer und wink' mit dem Schnupftuch, immer sind's Freunde oder Bekannte; vor ein paar Tagen waren wir in Nothgottes, da war eine große Wallfahrt, der ganze Rhein war voll Nachen, und wenn sie anlandeten, ward eine Prozession draus, und wanderten, singend eine jede ihr eigen Lied, nebeneinander hin; das war ein Schariwari, mir war angst, es möcht' unserm Herrgott zuviel werden; so kam's auch: er setzte ein Gewitter dagegen und donnerte laut genug, sie haben ihn übertäubt, aber der gewaltige Regenguß hat die lieben Wallfahrter auseinandergejagt, die da im Gras lagen, wohl tausende, und zechten; – ich hab grad keinen empfindsamen Respekt vor der Natur, aber ich kann's doch nicht leiden, wenn sie so beschmutzt wird mit Papier und Wurstzipfel und zerbrochnen Tellern und Flaschen, wie hier auf dem großen grünen Plan, wo das Kreuz zwischen Linden aufgerichtet steht, wo der Wandrer, den die Nacht überrascht, gern Nachtruhe hält und sich geschützt glaubt durch den geweihten Ort ...

In ihren ausgiebigen Briefen an Goethe aber („Meine halben Nächte verschreib ich an Dich ...") schildert sie sich als umherschweifende Beobachterin, die ihre wachen Wahrnehmungen mit Poesie anzureichern wusste:
Am Abend spazieren wir an den Ufern des Rheins entlang. Da lagern wir uns auf dem Zimmerplatz. Ich lese den Homer vor. Die Bauern kommen alle heran und hören zu. Der Mond steigt zwischen den Bergen herauf und leuchtet statt der Sonne. In der Ferne liegt das schwarze Schiff, da brennt ein Feuer, der kleine Spitzhund

auf dem Verdeck schlägt von Zeit zu Zeit an. Wenn wir das Buch zumachen, so ist ein wahres politisches Verhandeln. Die Götter gelten nicht mehr und nicht weniger als andere Staatsmächte. Und die Meinungen werden so hitzig behauptet, daß man denken könnte, alles wäre gestern geschehen, und es wäre manches noch zu ändern. Einen Vorteil hab' ich davon: hätt' ich den Bauern den Homer nicht vorgelesen, so wüßt' ich heut' noch nicht, was drin steht, die haben mir's durch ihre Bemerkungen und Fragen erst beigebracht.

(...)

... gestern abend ging ich noch spät an den Rhein; ich wagte mich auf einen schmalen Damm, der mitten in den Fluß führt, an dessen Spitze von Wellen umbrauste Felsklippen hervorragen. Ich erreichte mit einigen gewagten Sprüngen den allervordersten, der grade so viel Raum bietet, um trocknen Fußes drauf zu stehen. Die Nebel umtanzten mich; Heere von Raben flogen über mir, sie drehten sich im Kreis, als wollten sie sich aus der Luft herablassen; ich wehrte mich dagegen mit einem Tuch, das ich über meinem Kopfe schwenkte, aber ich wagte nicht, über mich zu sehen, aus Furcht, ins Wasser zu fallen. Wie ich umkehren wollte, da war guter Rat teuer; ich konnte kaum begreifen, wie ich hergekommen war; es fuhr ein kleiner Seelenverkäufer vorüber, – dem winkte ich, mich mitzunehmen. Der Schiffer wollte zu der weißen Gestalt, die er trockenen Fußes mitten auf dem Flusse stehen sah und die die Raben für ihre Beute erklärten, kein Zutrauen fassen; endlich lernte er begreifen, wie ich dahin gekommen war, und nahm mich an Bord seines Dreibords ...

(...)

Hier sind noch tausend herrliche Wege, die alle nach berühmten Gegenden des Rhein führen; jenseits liegt der Johannisberg, auf dessen steilen Rücken wir täglich Prozessionen hinaufklettern sehen, die den Weinbergen Segen erflehen, dort überströmt die scheidende Sonne das reiche Land mit ihrem Purpur, und der Abendwind trägt feierlich die Fahnen der Schutzheiligen in den Lüften und bläht die weitfältigen weißen Chorhemden der Geistlichkeit auf, die sich in der Dämmerung wie ein rätselhaftes Wolkengebilde den Berg hinabschlängeln.

Im Näherrücken entwickelt sich der Gesang; die Kinderstimmen klingen am vernehmlichsten; der Baß stößt nur ruckweise die Melodie in die rechten Fugen, damit sie das kleine Schulgewimmel nicht allzuhoch treibe, und dann pausiert er am Fuß des Berges, wo die Weinlagen aufhören. Nachdem der Herr Kaplan den letzten Rebstock mit dem Wedel aus dem Weihwasserkessel bespritzt hat, fliegt die ganze Prozession wie Spreu auseinander, der Küster nimmt Fahne, Weihkessel und Wedel, Stola und Chorhemd, alles unter den Arm und trägts eilends davon, und als ob die Grenze der Weinberge auch die Grenze der Audienz Gottes wär', so fällt das weltliche Leben ein, Schelmenliedchen bemächtigen sich der Kehlen, und ein heiteres Allegro der Ausgelassenheit verdrängt den Bußgesang, alle Unarten gehen los, die Knaben balgen sich und lassen ihre Drachen am Ufer im Mondschein fliegen, die Mädchen spannen ihre Leinwand aus, die auf der Bleiche liegt, und die Burschen bombardieren sie mit wilden Kastanien; da jagt der Stadthirt die Kuhherde durchs Getümmel, den Ochs voran, damit er sich Platz mache; die hübschen Wirtstöchter stehen unter den Weinlauben vor der Tür und klappen mit dem Deckel der Weinkanne.

Da sprechen die Chorherrn ein und halten Gericht über Jahrgänge und Weinlagen, der Herr Frühmessner sagte nach gehaltener Prozession zum Herrn Kaplan: Nun haben wir's unserm Herrgott vorgetragen, was unserm Wein not tut; noch acht Tage trocken Wetter, dann morgens früh Regen und mittags tüchtigen Sonnenschein, und das so fort Juli und August! wenn's dann kein gutes Weinjahr gibt, so ist's nicht unsre Schuld …

Karoline von Günderode

Bettina Brentano kannte seit 1801 Karoline von Günderode (1780–1806). Die beiden hatten sich bei Bettinas Großmutter Sophie von La Roche kennengelernt. Seit dem verehrte Bettina die ältere Freundin. An Goethes Mutter schrieb sie:
… sie war so sanft und weich in allen Zügen wie eine Blondine. Sie hatte braunes Haar, aber blaue Augen, die waren gedeckt mit

langen Augenwimpern; wenn sie lachte, so war es nicht laut, es war vielmehr ein sanftes gedämpftes Girren, in dem sich Lust und Heiterkeit sehr vernehmlich aussprach; – sie ging nicht, sie wandelte, wenn man verstehen will, was ich damit auszusprechen meine; – ihr Kleid war ein Gewand, was sie in schmeichelnden Falten umgab, das kam von ihren weichen Bewegungen her; – ihr Wuchs war hoch, ihre Gestalt war zu fließend, als daß man es mit dem Wort schlank ausdrücken könnte, sie war schüchtern-freundlich und viel zu willenlos, als daß sie in der Gesellschaft sich bemerkbar gemacht hätte ...

Karoline war nach dem Tod ihrer Eltern mit 17 Jahren in das adlige Damenstift in Frankfurt am Main gekommen. An die strenge Hausordnung hielt sie sich kaum. Vielmehr reiste sie umher, korrespondierte fleissigst, verschrieb sich der Literatur und interessierte sich sehr für Geschichte. Im Sommer 1799 verliebte sie sich in den später berühmten Rechtslehrer Friedrich Carl von Savigny (1779–1861). Die Sache zog sich quälend hin. In einem drei Jahre währenden Briefwechsel sprach Savigny von allerhand freundlichen Dingen, von Liebe aber nie.

Karoline publizierte 1804 ihr erstes Buch 'Gedichte und Phantasien' unter dem Pseudonym Tian. 1806 erschienen ihre 'Poetischen Fragmente'. Auch Dramen hat sie verfasst, womit ihr aber kein Erfolg beschieden war.

Clemens Brentano, bevor er in erster Ehe mit Sophie Mereau verheiratet war, warb um Karoline, stieß aber nicht auf Gegenliebe. Im unglücklichen Liebesreigen lernte Karoline schließlich im Sommer 1804 in Heidelberg den Philosophie- und Geschichtsprofessor Georg Friedrich Creuzer (1771–1858) kennen, einen Mann, der durch exzentrische Intelligenz bestach, aber sehr hässlich war. Er galt als Mittelpunkt des Heidelberger Romantikerkreises und lebte in einer Art Pflichtehe mit der um dreizehn Jahre älteren Witwe eines Kollegen zusammen. Unglücklicherweise war jetzt die Liebe gegenseitig. Doch halfen alle Schwüre, alle romantischen Vertröstungen nicht darüber hinweg, dass Kreuzer bei der Ehefrau und deren Kindern blieb, von denen er sich am Ende doch nicht trennen konnte.

Karoline litt zwei Jahre lang und schwankte zwischen Hoffnun-
gen und tiefster Verzweiflung.

Im Frühjahr 1806 kam sie mit zwei Freundinnen nach Winkel,
um im Haus des Frankfurter Kaufmanns Mertens Erholung zu fin-
den. Dort erfuhr sie von Creuzers Entscheidung, bei seiner Frau zu
bleiben. Am 26. Juli nahm sie sich das Leben. Bettina von Arnim
schilderte die Umstände des Todes ihrer geliebten Freundin in einem
Brief an Goethes Mutter:

... sie ging am Rhein spazieren ganz lang, dann lief sie nach
Hause, holte ein Handtuch; am Abend suchte man sie vergebens;
am anderen Morgen fand man sie am Ufer unter Weidenbüschen;
sie hatte das Handtuch voll Steine gesammelt und sich um den
Hals gebunden, wahrscheinlich, weil sie sich in den Rhein versenken wollte, aber da sie sich ins Herz stach, fiel sie rückwärts, und
so fand sie ein Bauer am Rhein liegen, unter den Weiden an einem
Ort, wo es am tiefsten ist. Er riß ihr den Dolch aus dem Herzen
und schleuderte ihn voll Abscheu weit in den Rhein, die Schiffer
sahen ihn fliegen – da kamen sie herbei und trugen sie in die
Stadt.

Am nächsten Morgen fuhr Bettina dann mit ihrem Bruder Franz
nach Winkel. Sie schreibt weiter:

... Franz hatte befohlen, daß das Schiff jenseits sich halten solle,
um zu vermeiden, daß wir dem Platz zu nahe kämen, aber dort
stand der Fritz Schlosser am Ufer, und der Bauer, der sie gefunden,
zeigte ihm, wo der Kopf gelegen hatte und die Füße, und daß das
Gras noch nieder liege ... und da mußte ich denn mit anhören die
schauderhaften Bruchstücke der Erzählung vom roten Kleid, das
aufgeschnürt war, und der Dolch, den ich so gut kannte, und das
Tuch mit Steinen um ihren Hals, und die breite Wunde; – aber ich
weinte nicht, ich schwieg. – Da kam der Bruder zu mir und sagte:
sei stark, Mädchen ...

Die Stelle am Rhein, an der Karoline sich umgebracht hat, ist heute
vom Wasser des Stromes überspült. An der seitlichen Mauer des
Winkeler Friedhofes links der Kirche wurde ihr später ein Grab
geschaffen, auf dessen Stein ihr Abschiedsgedicht zu lesen ist, das sie

selbst nach einer orientalischen Nachdichtung Herders formuliert hatte.

„Erde, du, meine Mutter, und du, mein Ernährer, der Lufthauch, Heiliges Feuer, mir Freund, und du, o Bruder, der Bergstrom, und mein Vater, der Äther, ich sage euch allen mit Ehrfurcht Freundlichen Dank; mit euch hab' ich hienieden gelebt; Und ich gehe zur andern Welt, euch gerne verlassend. Lebt wohl, Bruder und Freund, Vater und Mutter, lebt wohl."

Clemens Brentano und Achim von Arnim

Zwischen Ostern und Pfingsten 1800 reisten Clemens Brentano (1778–1848) und Friedrich Carl von Savigny (1779–1861) mit einer luxuriös ausgestatteten 'Wasserdiligence' von Frankfurt nach Rüdesheim. Die romantische Kulisse des Rheinufers mit den weiten Buchten, sumpfigen Wiesen, mit Schilf und Weidenbäumen, Landzungen und hellen Sandbänken, mit den verfallenen Burgen, den Dörfern, Weinbergen und fernerer Wäldern muss den beiden als poetische Initiationslandschaft vorgekommen sein. Was immer aus der später so genannten 'Romantik' werden sollte, der Rhein war an ihrem Zustandekommen beteiligt.

Doch Clemens war sehr viel stärker auf romantische Wahrnehmung eingestellt als der stets studierende Carl von Savigny. Man logierte im Ackermannschen Hof und Clemens verliebte sich sogleich recht literarisch in die schöne Wirtstochter Walpurgis. Kaum war es erlebt, wurde es auch schon in Literatur verwandelt. Zum Beispiel in einen Brief an die Schwester Bettina in Frankfurt am Main:

Am Rhein, Rüdesheim [Sommer 1800]

Dein Gespräch mit der Linde und der herrliche Abendschein über dem Rhein und das schöne Mädchen Walpurgis hier im Wirtshause haben vor wenig Minuten rings um mein Herz gebuhlt. Ich bin in

115

das Mädchen verliebt wie ein guter Junge, und wenn sie das Papier geschrieben hätte oder den Abendschein und die Linde verstände wie Du, so wäre kein Treiben und kein Sehnen mehr auf Erden für mich. Aber so ist's nicht, ich werde nicht von ihr verstanden, denn ich verstehe den Abendschein; und sie, die sich und ihn nicht versteht, ist wunderschön, und der liebe Gott hat Schätze in ihre Augen gelegt und einen Liebreiz in ihren Mund, daß man einen Tempel mit diesen Schätzen könnte errichten, und Gebet von diesen Lippen wie Honig von süßen Blumen sammeln könnte; aber sie ist in einer sehr unschönen Umgebung von Eltern und Geschwistern, und Gott segne Dich, daß Du so bist wie Du bist. Es ist ein alt Sprichwort, wo Schätze liegen, stellt der Regenbogen seinen Fuß auf, aber es ist böse, es ist ein Aberglaube. Und wenn ich dies Mädchen ansehe, bin ich so abergläubisch; der alte Bettler, der hier in der alten Ruine vom Schloß der Gisela Brömserin wohnt, das dicht am Rhein steht, hat seinen Herd auf dem Altar der Kapelle und schläft in steinernen Gewölben, durch die das Himmelsgewölk herabsieht, und seine Begeisterung, die er trefflich auf seiner Pfeife auszudrücken versteht, wenn er viele Heller beisammen hat, hallt zwischen den vielen Pfeilern durch recht lustig, ich gehe da abends in dem lauen Wind auf und ab und höre, wie er aus einem raschen Walzer in den andern sich hineinpfeift, und dabei schlägt er so munter den Takt, als ob er im Tanze mit einer schönen Walpurgis sich drehe. Ich rede oft mit ihm, und er hat mir's gar nicht geleugnet, daß er auch noch oft sich verliebt. Am End kam's heraus, daß wir Nebenbuhler sind, und daß die Walpurgis der eigentliche Reiz seiner musikalischen Belustigungen ist, denn sie hat nicht weit davon einen Weingarten, wo sie den Gästen abends ihren Weinschoppen reicht, in Krügen mit Deckeln von blankem Zinn, und da tun ihr die Gäste schön mit Reden und verlangen auch wohl einen Kuß, sie läßt sich's gefallen, das ärgert mich. Ich hab den Bettler damit eifersüchtig machen wollen, und der hat mich ausgelacht, wir hörten das Gelächter aus der Weinlaube herüberschallen, der trällerte auf seiner Pfeife dazu, und darauf ging er eine Wette mit mir ein, daß, wenn ich ihm eine Kanne Wein dort bezahle, so wolle er von der Walpurgis einen Kuß erwischen, in Gegenwart aller Gäste. Anstatt darüber zu lachen, machte mich's verdrießlich, er zog aber ungeheuer fix die herunterhängenden Strümpfe und Beinkleider auf, die Jacke hing er an den Pfeiler und klopfte eine Staubwolke heraus, dazu bellte der Hund, den er im Zwinger eingesperrt hat, der merkte, es solle auf Abenteuer ausgehen, und wollte mit. – Wie er sich aber seinen staubigen Bart wusch, und dann mit der Schuhbürste wichste, und dann vor die Haustüre trat und bemerkte, wie der Mond sich drin spiegle? Ich dachte, der böse Feind lache mich aus. Der Mann sah seltsam heimlich anziehend und stolz auf mich herab, und was tat der Mann, er legte seine Hand auf meine Schulter und ging mit einem Schritt, als ob er ein spanischer Grande sei, in die offne Weinlaube. Ich forderte Wein für uns; vom Besten, sagte er, im Vorübergehen gab ihm das Mädchen einen Handschlag. – Und denk Dir, er hat die Wette gewonnen! – Und mir hat sie nie einen Kuß gegeben, so sehr ich auch drum bat, ich vergesse diesen Mann nie, wie er, beide Ellenbogen aufgestützt, die Hände über die offne Weinkanne gefaltet hielt, dann und wann einen Zug draus schlürfte, ohne sich aus der Position zu rücken, mit seltsamen Trinksprüchen jeden Trunk würzte; das gefiel ihr, er sah ihr tief in die Augen, goß die Kanne in einem Glucks hinunter, und das gefiel ihr auch. Und kurz, sie gab ihm unaufgefordert den Kuß. In ihren Zügen spiegelte sich eine wunderbare Schönheit, ihre Lippen zuckten, und ihre Augen glänzten ihn so freundlich an, als fließe ihre Seele über in Großmut, einen unschätzbaren Schatz geben zu können. Der Mann, der nicht einmal aufgestanden war, sondern sitzend den hinabgereichten Kuß von der schlanken Walpurgis ihren Lippen nahm, hielt sie noch eine Weile so im Arm. Kein Fürst konnte freudig kühner sein Antlitz über die Menge erheben.

Alle Gäste waren still geworden, denn alle sind in das Mädchen verliebt; er genoß noch einen Augenblick seinen Triumph, dann stand er auf und bot gute Nacht. Die Walpurgis stand an der Gartenhecke und grüßte, indem wir vorübergingen; und das ist's, was mir am meisten ins Herz schnitt. Ach, es ist wahrlich alleins, ob man bettelt oder gut lebt, wem das Herz freundlich ist zu geben und seine Liebe widerwillig zu empfangen, der allein ist reich. Wo ist Reichtum? – Auf Erden nicht! Gold ist Sonnenschein, und Rubin ist Abendrot, aber Liebe ist alles. Aber die Erde ist nicht alles, denn es ist wenig Liebe in ihr; sie ist in der Liebe! –

Es tut mir leid, daß Du das alles nicht auch sahst, Du würdest schöner davon sprechen, und schön sprechen soll man, damit das Schöne immer lebendiger wird und mehr. Denn die Liebe hat nimmer des Schönen genug. Savigny hat alles auch mit mir gesehen, ich dachte, hier, wo seine Studiermaschine nicht fortwährend im Gange ist, werde endlich einmal sein Inneres zu Wort kommen; doch stumm wie immer, marschiert er neben mir die Natur auf und ab, und das verdirbt mir alles Genießen. Morgens kommt der Barbier aus dem Dorf, der sein Antlitz ziemlich barsch behandelt, um ihm den Bart abzunehmen, er läßt's geschehen; wenn Walpurgis zufällig hereinkommt, stelle ich mich vor ihn, weil ich mich schäme, daß dies schöne Mädchen sieht, wie er den Barbier damit umgehen läßt, und dann! – Wie geht er mit mir um? – viel ärger wie der Barbier. Er belächelt meine Reden, er belächelt meine Gedichte, er belächelt auch meine Verliebtheiten, und kurz, sein Wesen wird mir eben nicht klar, und wenn ich darüber klage, so meint er, alles sei ja unendlich klar. Etwas ist's, was mir ihn unverdaulich macht; vielleicht ist die Schuld mein, trotz meinem besten Willen.

Walpurgis hat einige Züge von Dir, und die ziehen mich vielleicht am meisten an, die übrigen, die Du nicht hast, hast Du in der Seele und sie im Gesicht. Ich denke immer an Deine Seele bei diesen Zügen und sage dem Mädchen schöne Sachen, wenn ich an Dich schreibe, und rede Dich an, wenn ich ihr Schönes vorsage.

Werde nicht bös, ich will ein bißchen hinuntergehen, vielleicht sehe ich sie, aber sie weicht mir aus, sie weiß nicht mit mir zu sprechen, so Du nicht.

Ach, weißt Du, was sie eben mir sagte, als ich fragte, warum sie den Bettelmann geküßt habe? – er gefalle ihr, – und ob ich ihr denn gar nicht gefalle? – sie sagte nichts darauf. – Aber wenn sie mir auch einen Kuß gäbe, so würde ich auf alle andre eifersüchtig werden, und dann würde das ein groß Gezänk geben im Wirtshaus, und das wolle sie aber nicht haben. Mit wem sollte ich in Zank geraten, es ist ja niemand im Wirtshaus wie Savigny und ich, und der ist ja gar kein Kenner von deiner Schönheit; ich plaudre dir auf der Guitarre so schöne Abendlieder vor, ich erzähle dir so hübsche Geschichten, ich bin früher auf als du und guck dir zu, wenn du in den Hof herunterkommst, das rührt dich nicht? – sie sagt selbst: Gar nicht! Du bist nicht so, mein einzig Kind, mein Schutzengel, was ich Dir zulieb tue, das tust Du gern und verdienst Dir einen Dank ab, wenn es auch noch so gering ist. Wenn ich nun auch herumschweife und mich in Liebeshändel einlasse, wenn ich's tue, so ist's doch immer, weil ich weiß, daß ich meine Heimat habe in Dir.

Ich hab dem Savigny gesagt, er soll ein bißchen hier dran schreiben, aber der arme Mensch ist froh, daß er lesen kann...

Clemens Brentano leitete die verschmähte Liebe professionell in eine Intensivierung der Poesie um. Er schrieb am zweiten Teil seines Romans 'Godwi'. Und das liest sich so:

(...)

Mir ist nicht so, sagte ich, ich kenne nur eine Aussicht bis jetzt und habe noch keine Landschaft gesehen, die mir wohl tat, als diese, und wäre meine Gestalt von meinem Gemüte ganz durchdrungen, könnte ich überhaupt jemals mich selbst vorstellen, so hätte in diese Landschaft ein Maler keine Figur als die meinige stellen dürfen, um nicht aus der Haltung zu fallen.

Wo ist diese Aussicht? fragte Godwi, wenn Sie sie nicht wie eine Geliebte verbergen.

Am Rhein, auf einer herrlichen Stelle.

Ich saß höher als der höchste Berg der Gegend, auf der Spitze eines jungen Baumes, den eine mutige Hand in die höchsten Trümmer eines zerstörten Turmes gepflanzt hatte; über Untiefen von Wald, die wie Katarakte und stürmende Heere unter meinem Blicke auf und nieder stürzten, brauste der herrliche Fluß des üppigen Friedens und der trotzigen Ruhe. Ringsum weit die Städte und Flecken hingesäet, viele tausend Blicke auf meinen Standpunkt gerichtet, in tiefer Einsamkeit, Vor- und Nachwelt um mich aufgelöst in ein unendliches Gefühl des Daseins. Ich hatte ein trauriges Herz voll verschmähter Liebe da hinaufgetragen, so recht gar nichts da oben erwartet und ging mit einer sehr breiten Resignation durch den Wald. Aber der Mensch ist so enge in sich selbst gefangen, daß er sich meistens selbst verzehrt, wo er die Welt verzehren sollte. Ich weinte, als sich die Aussicht mir erschloß, vor Scham, und fühlte, wie meine Tränen gelinde auf der Wange trockneten und sich meine Seele wie der Duft einer Blume zum Himmel hob; mein Körper wuchs in den Stamm, der mich trug, und meine Arme streckten sich wie Zweige in die Luft; da war mir wohl, und ich sah den Zugvögeln nach, die neben mir vorüberreisten, wie Freunden, die noch nicht zur Ruhe gekommen sind, und wünschte ihnen glückliche Reise . . .

Godwi reiste mit frohem Mute nach dem Rhein, trank mit den fröhlichen Weinlesern und küßte die schönen, lustigen Mädchen, wenn er mit ihnen getanzt hatte. Es war ein herrliches Leben, eine einzelne Liebe war nicht möglich, der Mensch konnte sich nicht zum einzelnen Menschen neigen, es war alles wie in einer goldenen Zeit, man liebte alles und ward von allen geliebt.

Die Berge waren nicht zu hoch und die Täler nicht zu tief und der Rhein nicht zu breit, die Freude und Gesundheit ebnete und einigte alles zu einem mannigfaltigen Tummelplatze glücklicher Menschen . . .

Bald aber drängte sich ihm alles zusammen. Er ritt auf einem Streifzuge durch das freudige Land, abends durch die Weinberge, rings schallten die Gesänge der zurückkehrenden Arbeiter, aus den Gärten brannten Feuerwerke in die Höhe, und jauchzende Stimmen tönten von allen Seiten. Alle Herzen waren erschlossen und hingegeben, aber er entbehrte doch einen Standpunkt, von dem er das alles hätte übersehen können. Er wünschte sich einen dunklen, vertraulichen Vorgrund zu dem freien hellen Gemälde und eilte aus einem Zirkel in den anderen . . .

In den 'Godwi' integrierte er auch sein berühmtes Lore Lay-Gedicht, das später von Eichendorff in seinem Roman 'Ahnung und Gegenwart' (1815) und von Heinrich Heine (1828) abgewandelt werden sollte.

Zwei Jahre darauf fuhr Clemens Brentano erneut an den Rhein nach Rüdesheim. Jetzt aber begleitete ihn eine Art literarisches Double: Achim von Arnim (1781–1831), der 1811 Bettina heiratete.

Die Sache mit Walpurgis wiederholte sich so programmatisch wie trostlos. Aber Arnim teilte – anders als Savigny – die Schwärmerei für den Rhein, die Dörfer, die Weinberge, für die ganze romantische Szenerie. Achim von Arnim verfasste im Juni 1802 einen Brief über diese Rheinfahrt an die Gräfin Schlitz. Die 'tausend neuen Anklänge der Poesie', die gesucht und offenbar gefunden wurden, begeisterten Arnim:

Auf den Postschiffen ist ein herrliches Leben, ganz wie im Himmelreich, nur nicht umsonst, und etwas heißer. Die Rheinländer sind ein so edles Volk wie ihr Wein; sie haben außer dem Sinn für Dichtung eine helle, klingende, hohe Stimme, besonders die Schiffer. In einen alten Mantel gehüllt, ohne Plan mit einem Freunde und einem Buche umherirrend, im Gesange der Schiffer von tausend neuen Anklängen der Poesie berauscht, ohne Tag und Nacht zu sondern, frei von Sturm und Ungewitter, denn unser Gesang führte sie uns wie Bilder unsres Gemüts – so möchte ich wohl noch einmal leben; das Leben war frisch angebrochen wie die echte Quelle des rheinischen Weines.

Ich wohnte vier Tage in dem Hause von Ackermann in Rüdesheim. Eben die Abhängigkeit der erwachsenen Kinder von ihren Eltern fand ich auch hier, die bei uns unter den arbeitenden Ständen wegen der Notwendigkeit jener für diese bald aufhört; auch das Mürrische des Vaters, das Vereinigende der Mutter. Jeden Augenblick erinnert man sich des einzelnen schattenden Fruchtbaumes im Weinberge und sehnt sich, die Sonne in ihrem Untergange zu erblicken.

Ich fühle jetzt recht, wo ich in meinen Gedanken in dem Eichenwalde des Osteins stehe, nachdem es lange ahndend durch die Blätter geblickt hat und ich endlich in den schönen, einfachen, freien griechischen Tempel trete, daß eine gewaltige Dichtung durch die ganze Natur weht, bald als Geschichte, bald als Naturereignis hervortritt, die der Dichter nur in einzelnen schwachen Widerklängen aufzufassen braucht, um ins tiefste Gemüt mit unendlicher Klarheit zu dringen. Denn sehe ich nun herab aus dem griechischen Tempel, in den ich durch den deutschen Eichenwald getreten, so braust unter mir zwischen den Binger Felsen der starke Rhein und schäumt unwillig über den nutzlosen Widerstand; aber die Berge scheinen noch immer sich an ihn drängen zu wollen, die sinkenden Felsstücke mit den alten Schlössern auf ihren Spitzen fallen in ihn hinab, auch die Bäume in der Höhe und die Weinstöcke tieferhin saugen ihm sein feuriges Blut aus – und wir in der Höhe nähren uns von allem dem, als wenn es aus uns hervorgegangen wäre, als aus dem ewigen, schöpfenden Geiste.

Der wichtigste Ertrag dieser romantischen Urreise den Rhein hinab war wohl der gemeinsame Plan zu der Sammlung 'Des Knaben Wunderhorn'. 1805 erschien der erste, 1808 der zweite Teil dieses ungemein erfolgreichen, bis heute produktiven Sammelwerks aus dem Geist der Romantik. Der ganz unromantische Goethe, dem der erste Band gewidmet ist, gab dem Buch folgende Worte mit auf den Weg:

Von Rechts wegen sollte dieses Büchlein in jedem Hause, wo frische Menschen wohnen, am Fenster, unter'm Spiegel, oder wo sonst Gesang- und Kochbücher zu liegen pflegen, zu finden sein, um aufgeschlagen, in jedem Augenblick der Stimmung oder Unstimmung, wo man denn immer etwas Gleichtönendes oder Anregendes fände, wenn man auch allenfalls das Blatt ein paarmal umschlagen müßte.

Ohne ein Rhein-Gedicht von Clemens Brentano darf dieses Kapitel nicht schließen:

Auf dem Rhein

Ein Fischer saß im Kahne,
Ihm war das Herz so schwer
Sein Lieb war ihm gestorben,
Das glaubt er nimmermehr.

Und bis die Sternlein blinken,
Und bis zum Mondenschein
Harrt er sein Lieb zu fahren
Wohl auf dem tiefen Rhein.

Da kömmt sie bleich geschlichen,
Und schwebet in den Kahn
Und schwanket in den Knieen,
Hat nur ein Hemdlein an.

Sie schwimmen auf den Wellen
Hinab in tiefer Ruh',
Da zittert sie, und wanket,
Feinsliebchen, frierest du?

Dein Hemdlein spielt im Winde,
Das Schifflein treibt so schnell,
Hüll' dich in meinen Mantel,
Die Nacht ist kühl und hell.

Stumm streckt sie nach den Bergen
Die weißen Arme aus,
Und lächelt, da der Vollmond
Aus Wolken blickt heraus.

Und nickt den alten Türmen,
Und will den Sternenschein
Mit ihren starren Händlein
Erfassen in dem Rhein.

O halte dich doch stille,
Herzallerliebstes Gut!
Dein Hemdlein spielt im Winde,
Und reißt dich in die Flut.

Da fliegen große Städte,
An ihrem Kahn vorbei,
Und in den Städten klingen
Wohl Glocken mancherlei.

Da kniet das Mägdlein nieder,
Und faltet seine Händ'
Aus seinen hellen Augen
Ein tiefes Feuer brennt.

Feinsliebchen bet' hübsch stille,
Schwank' nit so hin und her,
Der Kahn möcht' uns versinken,
Der Wirbel reißt so sehr.

In einem Nonnenkloster
Da singen Stimmen fein,
Und aus dem Kirchenfenster
Bricht her der Kerzenschein.

Da singt Feinslieb gar helle,
Die Metten in dem Kahn,
Und sieht dabei mit Tränen
Den Fischerknaben an.

Da singt der Knab' gar traurig
Die Metten in dem Kahn
Und sieht dazu Feinsliebchen
Mit stummen Blicken an.

Und rot und immer röter
Wird nun die tiefe Flut,
Und bleich und immer bleicher
Feinsliebchen werden tut.

Der Mond ist schon zerronnen
Kein Sternlein mehr zu sehn,
Und auch dem lieben Mägdlein
Die Augen schon vergehn.

Lieb Mägdlein, guten Morgen,
Lieb Mägdlein gute Nacht!
Warum willst du nun schlafen,
Da schon der Tag erwacht?

Die Türme blinken sonnig,
Es rauscht der grüne Wald,
Vor wildentbrannten Weisen,
Der Vogelsang erschallt.

Da will er sie erwecken,
Daß sie die Freude hör',
Er schaut zu ihr hinüber,
Und findet sie nicht mehr.

Ein Schwälblein strich vorüber,
Und netzte seine Brust,
Woher, wohin geflogen,
Das hat kein Mensch gewußt.

Der Knabe liegt im Kahne
Läßt alles Rudern sein,
Und treibet weiter, weiter
Bis in die See hinein.

Ich schwamm im Meeresschiffe
Aus fremder Welt einher,
Und dacht' an Lieb und Leben,
Und sehnte mich so sehr.

Ein Schwälblein flog vorüber,
Der Kahn schwamm still einher,
Der Fischer sang dies Liedchen,
Als ob ich's selber wär'.

Orte im Rheingau

Assmannshausen und Lorch

Wer will, kann lange darüber grübeln, wo der Rheingau beginnt und wo er endet. Wir jedenfalls verfahren großzügig und bestehen, was Hochheim betrifft, das ja eigentlich am Main liegt, nicht einmal auf dem Rhein. Dafür geben wir stromaufwärts noch ein wenig hinzu und landen bei Lorch. Die Rheingauer Riesling-Route führt sogar von Lorchhausen bis nach Wicker. Frankfurt allerdings bleibt draußen, das bisschen Rheingauer Riesling am Lohrberg reicht nicht für den Rheingau-Adel.

In seinem kleinen Kapitel über Assmannshausen und Lorch zitiert der uns inzwischen wohl bekannte Aloys Henninger so viel Literatur über den Rheingau, dass wir auf keine Zeile verzichten wollen, obwohl Assmannshausen im Kapitel über das poetische Gasthaus, die Krone, natürlich ausführlich gewürdigt wird.

Kaum haben wir dem lieblichen Rheingau mit seinen sanften Schönheiten Lebewohl gesagt und das engere Rheintal mit seinen wilden Erhabenheiten begrüßt, wo der Strom, wie in die Berge seiner Wiege zurückgekehrt, wieder mit fast jugendlichem Ungestüm dahinflutet, so winkt uns auch schon Assmannshausen mit seinem hohen Spitzturm, ein Dörfchen, das zwar wenig Ansehen bietet, sich jedoch durch seinen kostbaren Rotwein eines weiten Rufes erfreut. Diesen „deutschen Burgunder", wie Weitzel ihn nennt, „der vielleicht gediegener und kräftiger, nur nicht so angenehm und gefällig ist, als der Franzose", erzeugt es urkundlich schon seit 1108, wo sein Weinbau bereits in hohem Flor stand. Die Blume desselben wächst am „Hellenberg"; ein vorzügliches „Stählchen" aber auch am „alten Kurfürst", einem durch ein merkwürdiges Naturspiel dem Kopfe eines Kurfürsten ähnlichen Felsen auf dem Wege nach dem „Schönert", den Baron v. Klein, der als Landschaftsmaler und Tondichter ausgezeichnete Erfinder der Chorographimetrie, entdeckte. – Weniger Glück hatte der Ort, welchen das hübsche Landhaus jenes Freiherrn ziert, mit seinen warmen

Assmannshausen

Quellen, in denen man sogar die 'mattiakischen Quellen' der Römer finden wollte. Nachdem Mainz schon 1489, um welche Zeit
hier auch Bergwerke im Betrieb standen, die Erlaubnis zur Aufsu-
chung der alten Bäder gegeben und man 1699 und 1829 abermals
Versuche zu ihrer Herstellung gemacht hatte, wurden dieselben seit
1842 zwar wiederholt und bei den damals aufgefundenen und ge-
faßten Thermen Badeeinrichtungen getroffen; indessen vermochte
sich Assmannshausen doch nicht zu einem Kurorte zu erheben,
obwohl sein Wasser nach Geschmack und Temperatur den Quellen
zu Wiesbaden ähnelt und selbst vorzügliche Eigentümlichkeiten
bieten soll.

Freundlich an der Mündung der Wisper in dem Rhein gelegen
und seit den Bränden unserer Zeit, namentlich 1842, zum großen
Teil durch Neubauten nach Außen verjüngt, hat Lorch jedoch nach
Innen schon seit Jahrhunderten seine alte Herrlichkeit verloren,
und wurde daher von Simrock nicht mit Unrecht „eine Ruine seines
ehemaligen Glanzes" genannt. Die Blüte des uralten, stattlichen
Fleckens hatte aber ihren Grund nicht bloß in seinem guten und

Lorch

zahlreichen Adel, sondern vorzüglich auch in dem Kulturfleiße seiner wackeren Bürgerschaft. Jener führte hier, dem Wortlaute einer alten Urkunde zufolge, „ein Leben, wie im Paradies", und die Ritterschule seiner „Schuljunkerschaft" bildete gleichsam die Hochschule für die adlige Jugend des Rheingaus, dessen Grenzpunkt unser Ort war; diese hielt im Mittelalter nicht weniger als 300 Wollweberstühle in Tätigkeit und hatte schon frühe auch im Weinbau eine treffliche Quelle des Wohlstandes gefunden. Selbst in der Pflanzung des Rotweines ging Lorch, urkundlich seit 1088, seinem jetzt so berühmten Nachbarorte voran; sein überaus lieblicher Weißwein aber wird schon 832 zugleich mit dem Flecken selbst genannt, dem man unter dem Namen Laureacum sogar römischen Ursprung zuschreibt. – Mit der Reformation, wo seine reichsten Bürger, namentlich die Wollweber, auswanderten, sank auch der Stern seines Glükkes, um dem blauen Ländchen aufzugehn, wo die Flüchtigen unter Hessen's Fürsten freundliche Aufnahme und Schutz fanden.

Laut genug zeugt indessen die stolzgelegene, durch ihre hübsche gotische Bauart und ihr harmonisches Glockengeläute ausgezeichnete Kirche und eine große Reihe frommer Stiftungen noch heute von der einstigen Blüte Lorch's, als dessen Pfarrer 1512 sogar eine fürstliche Person, der Pfalzgraf und Herzog Georg von Bayern, erscheint. – Aus dem 12. Jahrhundert stammend, besitzt dieses schöne Gotteshaus in seinem herrlichen Hochaltar von 1483 ein Kunstwerk mittelalterlicher Holzschnitzerei, welches nicht bloß der großartigste und kostbarste Schatz dieser Art in unserem Vaterlande ist, sondern, was den Reichtum des Zierwerkes, die Trefflichkeit der Figuren und den Wert der Ölgemälde an den Seitenflügeln betrifft, auch seinem berühmten Gegenstück zu Blaubeuren in Schwaben würdig zur Seite steht.

Auch Lorch erscheint, wie Rüdesheim, desto ärmer an geschichtlichen Tatsachen, je reicher die romantische Sage es mit ihrem Dufte übergossen hat, und ich muß daher hier besonders wieder auf Nassau's Sagen verweisen, weil mir der Raum dieses Werkes nur Andeutungen vergönnt. – Indessen ist es erzählenswert, wie sich die Lorcher in zwei Fällen halfen, wo ihr Vaterort in dem französischen Kriegen heimgesucht werden sollte. Das eine Mal nahten die Feinde; da ließ der Schultheis rasch Hüte auf eine Reihe Wingertspfähle pflanzen und dahinter einige Schüsse tun, worauf die Franzosen, im Wahn, daß in den Weinbergen eine starke feindliche Truppe versteckt liege, die Flucht ergriffen. Das andre Mal aber, als sie nach dem Entsatz von Ehrenbreitstein kamen, um das von Solern'sche Haus in Lorch zusammen zu schießen, aus Rache, weil dessen Besitzer die drei geldbeladenen Esel, welche für den Kommandanten der Festung bestimmt waren, aufgefangen und seine verräterische Übergabe vereitelt hatte, empfingen die wackeren Bürger die Feinde der Art mit Gabeln und Hacken, daß diese ihre Gewehre wegwarfen und flohen. – Sonst ist, außer mehreren Feuersbrünsten, unser Flecken im gegenwärtigen Jahrhundert auch schon zweimal (1811 und 1841) durch große Wassersnot heimgesucht worden, wobei die Wisper ebenso gefährlich war, als der Rhein, da sie oft zu einem sehr wilden und reißenden Gewässer anschwillt.

Von den beiden Burgen, welche Lorch zur Rechten und Linken dieses Baches überwachten, steht nur noch der Turm Nollicht

(Nollingen); die Erinnerung an das verschwundene Fürsteneck bewahrt W. Müller's Sage: 'Der blinde Schütz.' – An den Kedrich oder Kadrich, eine jähe Bergwand, welche auch die Teufelsleiter heißt, knüpft sich die hübsche Volksüberlieferung von der schönen Garlinde und die schauerliche von einem Ritter, der um seiner Geliebten willen mit Hilfe des Teufels an jenen steilen Felsen hinaufritt.

Kloster Eberbach

Wenn im Kloster Eberbach nicht gerade der 'Name der Rose' des Star-Autors Umberto Eco verfilmt wird, dreht sich hier alles um die Hauptsache im Rheingau: den Wein.

In seiner 'Reise durch den deutschen Weingarten', das 1955 erschien und seitdem zu einem klassischen Wein-Buch wurde, schreibt Gottfried Stein:

Nicht weit von Hattenheim im Rheingau liegt in einem Wiesental, von Wäldern umgeben, Kloster Eberbach. Siebenhundert Jahre lang war es bis 1803 eine Stätte des Gebetes, der Arbeit, der Wissenschaft und der Kunstübung, ein Mittelpunkt rheinfränkischer Kultur, dann, in den Besitz des Staates übergegangen, Zuchthaus und ist nun wieder seit Jahrzehnten einer sympathischeren Bestimmung zugeführt, der es auch in alten Zeiten zum ansehnlichen Teil zu dienen hatte: dem Wein.

Unter dem weißen Gewölbe des Saales sitzen an langen Tischen ein paar hundert Leute, zumeist Männer, zierliche zünftige Stengelgläser vor sich und in gelben Büchlein blätternd, auf deren Seiten hinter vierhundert Nummern Fässer und Posten von Flaschen verzeichnet stehen. Ihr bedeutender Inhalt wird in diesen Novembertagen versteigert.

'Naturwein-Versteigerung der Vereinigung Rheingauer Weingüter E. V. im Verband Deutscher Naturwein-Versteigerer E. V.' So der Titel, wie er seit Jahrzehnten alljährlich dem Büchlein aufgedruckt ist, wenn im Mai, im September oder im Spätherbst, bisweilen auch noch im Januar in der Stadthalle zu Eltville und im Kloster

131

Kloster Eberbach

Eberbach guter und bester Rheingauer Wein versteigert wird, der aus den dreiundvierzig Weingütern der genannten Vereinigung stammt.

Heute geht es um die Jahrgänge 53, 52, 49, 47 und 37. Alle hier Versammelten wissen, was das bedeutet. Es waren fünf große Jahrgänge; man wird noch lange von ihnen reden. Was die Ortschaften angeht, in deren Gemarkungen die Weine wuchsen, so hat jeder Name Weltruf: Rauenthal, Eltville, Kiedrich, Erbach, Hattenheim, Hallgarten, Östrich, Mittelheim, Winkel (dazu gehörend Schloß Vollrads), Johannisberg, Geisenheim, Rüdesheim, Lorch. (Aßmannshäuser Spätburgunder ist einer besonderen Versteigerung vorbehalten.) Auch Wiesbaden und Hochheim am Main sind vertreten. Gehören sie auch geographisch nicht mehr zum Rheingau-Kreis, so stehen ihre Gewächse den Rheingauern doch nahe. Das Weingut der Stadt Wiesbaden bietet 53er Neroberger an. Unter den berühmten Hochheimern begegnet man dem *Neuberg,* dem *Stein,* dem *Rauchloch,* dem *Kirchenstück* und der *Domdechaney.*

Das meiste wird in Halbstück-Fässern (600 l) angeboten, Spitzenweine im Viertelstück. Wenn es erlaubt ist, ihren Inhalt zu einer Massenzahl zu addieren: es mögen zusammen gut 150 000 Liter sein. Außerdem stehen – Verzeihung für die Kollektivzahl! – rund 25 000 Flaschen und 900 halbe Flaschen zu Gebot.

Da die eingetragenen Taxpreise für das Halbstück zwischen 1200 Mark und 5200 Mark liegen und das Viertelstück 53er *Rauenthaler Herberg* Beerenauslese Cabinet sogar mit 6000 Mark taxiert ist, so bedarf es nicht der Rechnung Menge mal Durchschnittspreis, um zu wissen, was das für Weine sind, und in Gedanken an die Wunder- und Fabeltropfen der Auslesen, Spätlesen und Trockenbeerenauslesen ehrfürchtig zu erschauern.

Die 14 000 Flaschen 53er und 52er, die das Weingut Schloß Vollrads des Grafen Matuschka-Greiffenclau anbietet, stehen mit 2,40 Mark bis 5,80 Mark verzeichnet. Doch wird auch die 47er *Schloß Vollradser* Trockenbeerenauslese nicht unter dem Taxwert bleiben, der 45 Mark beträgt.

400 Flaschen 53er *Eltviller Kalbspflicht* Auslese („edelfeine Frucht" liest man in der Rubrik „Beurteilung") sind mit 6 Mark bewertet, ebenso die 53er *Erbacher Markobrunn* Auslese. Aber die Edelbeerenauslese des gleichen Jahres vom *Erbacher Siegelsberg* gilt 15 Mark. Eine Rarität ist mit 50 Flaschen eine 49er *Erbacher Markobrunn* Trockenbeerenauslese. Taxpreis 25 Mark.

Denk ich des Tages, mir schwindelt, das alles gekostet zu haben, tropfenweise, versteht sich, doch mit so viel Verstand, kann ich versichern, wie der Unverstand nicht für ein ganzes Glas aufzubringen in der Lage ist. Dies nebenbei. Aber es gehört sich nicht, von derlei Sachen ohne Unterbrechung im Berichtton zu sprechen.

Während unser Geschichtenerzähler Georg Ludwig Wohlgemut in die historischen Tiefen des Bauernkrieges hinabsteigt:

Es ist jetzt schon eine Weile her, da hatten es die Bauern satt, immer nur für andere zu schuften, die sich für was Besseres hielten. Während sie bei trockenem Brot und Milchsuppe saßen, verpraßten der Adel und die geistlichen Herren all die Leckereien, von denen sie nicht einmal träumen konnten. So kam es 1525 überall zu Auf-

Geisenheim und der Johannisberg

ständen, ja zu einem richtigen Krieg, bei dem auch die hessischen Bauern tüchtig mitmischen wollten. Vor allem die Winzer aus dem Rheingau, die tagein, tagaus ihre steilen Weinberge hoch- und runterkraxeln mußten, hatten ordentlich Wut angestaut, und die richtete sich vor allem gegen das Kloster Eberbach, das schon damals ein multinationaler Konzern war – mit einer eigenen Handelsflotte auf dem Rhein und Zweigstellen überall da, wo sich Wein gut und teuer verkaufen ließ. Denn der Tropfen, der in den Eberbacher Kabinettkellern heranreifte, war mindestens so berühmt wie die runden Bäuche der Mönche, die vor lauter Essen, Trinken und Zerstreuung nur noch wenige Augenblicke am Tag Zeit fanden, zu Gott zu beten, der es so gut mit ihnen meinte.

Nun kann der Frömmste nicht in Frieden leben, wenn's dem bösen Nachbarn nicht gefällt – und die bösen Nachbarn, das waren in unserm Fall die Rheingauer Winzer. An einem schönen Nachmittag versammelten sie sich unterhalb des Klosterberges und beschlossen, die Mönche kräftig auszuplündern.

Die Torwache war schnell überrumpelt, und nun sollten die frommen Herren alles auftragen, was Küche und Keller zu bieten hatten. Der Bruder Abt versuchte es zuerst mit guten Worten, aber ein guter Tropfen war den Winzern lieber; er drohte mit der Strafe des Allmächtigen, aber die würden sie schon aushalten mit vollem Magen. Und er beschrieb mit flammenden Worten das höllische Feuer, aber die Winzer dachten nur an das Feuer unter dem Ochsen am Spieß. Alles half nichts.

Keine Speckseite, kein noch so kleines Fäßchen Wein sollte übrigbleiben. Der Klosterschreiber hat später die Bilanz der Besetzung gezogen: Alle Ochsen, Kühe und Hühner, das Geräucherte, daneben das ganze Getreide und nicht zuletzt achtzigtausend Liter Wein wurden von den fidelen Revoluzzern vertilgt. Und der Wein war es auch, der den Aufstand sanft beendete. Als die bis an die Halskrause bewaffneten Soldaten des Schwäbischen Bundes die Mönche von ihren Bedrückern befreien wollten, da fanden sie nur schnarchende Winzer vor, die sie nicht aus dem Kloster jagen, sondern tragen mußten. So endete die Revolution im Rheingau zwar mit erheblichem Weinverlust, aber ohne Blutvergießen. Die armen Winzer mußten jetzt doppelt in ihren Weinbergen schuften, um den Schaden wiedergutzumachen.

Eltville

Eltville hieß früher und auch noch bei Ludwig Börne Elfeld. Manche meinen, der Name der Stadt leite sich vom lateinischen Alta villa her; wahrscheinlicher ist die deutsche Herkunft von 'Alter Weiler'. Dass mehrere Namen existieren, spricht nur für die Schönheit des Ortes, der schon bei Merian als 'feines Städtlein' gepriesen wird. Als „offen und freundlich am Ufer des Rheines gelegen, von prachtvollen Landhäusern und Gärten geschmückt und von den Türmen des Schlosses und der Kirche majestätisch überragt" beschreibt Aloys Henninger die Stadt und gerät dabei in einen fast poetischen Sprachryhthmus. Und er fährt fort:
„Eltville" erscheint urkundlich zum Erstenmal um's J. 950, als Kaiser Otto I. den königl. Saalhof hierselbst an das Erzstift Mainz schenkte und Erzbischof Friedrich die hiesige Pfarrkirche mit allen ihren Zehnten dem dortigen Petersstifte übergab. Städtische

Eltville

Rechte aber und einige Handelsfreiheiten empfing der Ort erst
1332 durch Kaiser Ludwig den Bayer, nachdem Erzbischof Balduin
von Trier, als Verweser des Mainzer Erzstiftes, um den unruhi-
gen Bürgern seiner Bischofsstadt den Handel zu entziehen und sie
besser im Zaume halten zu können, hier auf älteren Grundmauern
eine Burg angelegt und die Stadt selbst mit Mauern, Türmen und
Wallgräben befestigt hatte. Derselbe Kaiser soll dem Städtchen
schon 1347 auch die Anlage eines Wochenmarktes bewilligt haben. Nach einem Brande (1339), bei welchem in den hier aufbe-
wahrten Urkunden aus den Zeiten der Merowinger ein kostbarer
Schatz zu Grunde gegangen sein soll, von Erzbischof Hch. v. Bir-
neburg prachtvoll erneuert, bildete das reizend gelegene Schloß zu
Elfeld im 14. und 15. Jahrhundert das gewöhnliche Hoflager oder
doch den Lieblingsaufenthalt der mainzer Kurfürsten und das
Städtchen den Wohnsitz vieler adligen Geschlechter, bis Diether
von Isenburg (1478) die Martinsburg zu Mainz erbaute und diese
die ordentliche Residenz der Erzbischöfe wurde, wie das von seinem Nachfolger verschönerte Schloß zu Aschaffenburg ihr Lust-
palais.

Obwohl Erzbischof Berthold v. Henneberg zu Anfang des
16. Jahrhunderts das Schloß zu Eltville nochmals im Geschmacke
seiner Zeit erneuerte und Sebastian v. Heusenstamm, welcher
(† 1555) hier begraben liegt, dasselbe wieder bewohnte; so geriet
der schöne Bau doch schon unter seinen Nachfolgern in Verfall
und das Städtchen selbst verlor die Bedeutung und den Glanz,
welchen ihm die geistlichen Herrscher verliehen hatten. – Zahlreiche edle Familien (Herzogin von Würtemberg, Graf v. Elz, Graf
v. Grünne, Freiherr v. Langwerth, Freiherr v. Vrints ec.) hatten
und haben indessen noch heute hier Lustschlößchen und Villen,
die, mit allem Geschmack ausgestattet, auch Schätze der Kunst
bergen, wie die Graf Elz'sche Gemäldesammlung, und Schätze des
Herzens, von denen die Armen besser erzählen können, als wir.
– Auch die 'wundertätige Hostie', welche Erzbischof Johann II.
1402 von Gladbach nach Elfeld bringen ließ, trug durch die Wallfahrten, welche sie veranlaßte, nicht wenig zum Ruhm und Flor
des Städtchens bei, wie nicht minder die Buchdruckerei, welche
der Patrizier Hch. Bechtermünze, ein Verwandter und Gehülfe
Gutenberg's, in Gemeinschaft mit seinem Bruder Nikolaus und
mit Wiegand Spieß von Ortenberg 1462 hierher verlegte. Die jetzige Frühmesserei, welche für eines der ältesten Gebäude von
Eltville gilt, bezeichnet man als die Werkstätte, aus welcher, und
zwar mittelst der Werkzeuge des Erfinders der Buchdruckerkunst,
mehrere berühmte Druckwerke hervorgingen. Unter denselben
ist das Vocabulum latino – teutonicum (1467) das seltenste und daher, wie Zimmermann in seinem 'Wiesbaden' sagt, ein Gegenstand
der 'Incunabeln-Jäger' geworden. Von Elfeld kam die Druckerei
nach dem Kloster Marienthal bei Geisenheim, wo die Kugelherrn
sich schon 1474 mit dieser 'Teufelskunst' befaßten. – Der unglückliche Gegenkönig Karl's IV., Günther v. Schwarzburg, verweilte
auch eine Zeitlang zu Eltville; doch ist es bestritten, daß er hier
Freidank's Gifttrank empfing, der seinem Leben ein Ende machte, obwohl der Straßburger Chronist den Ort, wo Günther mit
seinem unedlen Gegner Frieden schloß und der Krone entsagte,
„Alchphylo" nennt. – Unter den Städten aber, deren Juden
Erzbischof Konrad III. „um Argwohn und Unwillen, so er gegen

sie gewonnen", in die Kerker warf und ihrer Güter beraubte, war auch Elfeld. Der gütige Fürst begnadigte die Gefesselten jedoch bald wieder mit der Freiheit, während er das eingezogene Gold und Silber behielt.

Durch die Schweden unter Herzog Bernhard von Weimar erlitt Eltville, wie der ganze Rheingau, im 30jährigen Kriege große Verheerungen, namentlich die erzbischöfliche Burg, deren Zerstörung die Franzosen später vollendeten. Nur ihr schöner und fester gothischer Turm blieb erhalten und bildet noch jetzt eine Zierde des Städtchens, dessen tiefe Wallgräben längst in Gärten umgewandelt sind. – Das ansehnlichste Gebäude von Eltville ist aber seine hübsche Pfarrkirche, die von ihrem stattlichen Turme eine reizende Aussicht gewährt. Obwohl von uralter Stiftung, weist ihr Baustil doch nicht über das 14. Jahrhundert zurück. Sie enthält mehrere sehenswerte Bildnereien und ist die Kathedrale des bischöflichen Commissarius der Diözese Limburg für den Rheingau. Neben ihr liegt, wie ein gefundener alter Grabstein zeigt, Jakob Gensfleisch v. Sorgenloch, ein Vetter Gutenbergs, begraben, dessen Verheiratung mit der Tochter Bechtermünze's nach Simrock dem Erfinder der Buchdruckerkunst Veranlassung gab, sich am Abend seines Lebens in Eltville niederzulassen. – Unter den Linden vor dem alten Kirchhof wurde einst das Centgericht des oberen Rheingaus und später das Landgericht gehegt. Der schöne neue Totenhof liegt vor dem Städtchen.

Den feierlichen Eintritt des neugewählten Erzbischofs von Mainz in die Burg zu Eltville, deren Schlüssel ihm der Vizedom überreichte, zur Besitznahme des Landes, schildern die rheingauer Weistümer und Landrechtsbücher nach jenem Autor anschaulich also: „Der Erzbischof ritt daher als ein gewaltiger Herr, prächtig geharnischt, den roten Hut mit Pfauenfedern geziert. Mit ihm ritten vier Domherren, der Marschall, Truchseß, Kanzler und viele Ritter und Knechte. Wie weit sein Gericht und Gebiet in den Rhein reichte, sollte der Erzbischof durch einen Hufhammerwurf bestimmen. Der Bischof ritt auf einem Roß in den Rhein, so fern er konnte, und so weit er dann mit dem Hammer in den Strom werfen oder mit einem Speer schießen mochte, so weit reichte seine Freiheit und Gerechtigkeit."

Wie die meisten Amtssitze des Landes, hat Eltville ein Justizamt und eine Receptur und besitzt neben den Elementarschulen auch ein kaufmännisches Institut, welches sein Begründer, Dr. Fritzmann, leitet. – Geboren ist hier der 1809 bei Talavera in Spanien gebliebene General E. v. Langwerth, dem in der Paulskirche zu London ein hübsches Denkmal errichtet wurde, welches den Briten eben so viel Ehre macht, wie dem gefallenen Helden, da sich ein Volk nicht besser selbst würdigen kann, als durch die Würdigung seiner verdienstvollen Männer.

In die Weltliteratur gelangte Eltville durch Thomas Mann. Die Firma Engelbert Krull hatte dort ihren Sitz. Der moderne Schelmenroman 'Bekenntnisse des Hochstaplers Felix Krull' erschien 1954, ein Jahr vor dem Tode Thomas Manns.

Der Rheingau hat mich hervorgebracht, jener begünstigte Landstrich, welcher, gelinde und ohne Schroffheit sowohl in Hinsicht auf die Witterungsverhältnisse wie auf die Bodenbeschaffenheit, reich mit Städten und Ortschaften besetzt und fröhlich bevölkert, wohl zu den lieblichsten der bewohnten Erde gehört. Hier blühen, vom Rheingaugebirge vor rauhen Winden bewahrt und der Mittagssonne glücklich hingebreitet, jene berühmten Siedlungen, bei deren Namensklange dem Zecher das Herz lacht, hier Rauenthal, Johannisberg, Rüdesheim, und hier auch des ehrwürdige Städtchen, in dem ich, wenige Jahre nur nach der glorreichen Gründung des Deutschen Reiches, das Licht der Welt erblickte. Ein wenig westlich des Knies gelegen, welches der Rhein bei Mainz beschreibt, und berühmt durch eine Schaumweinfabrikation, ist es Hauptanlegeplatz der den Strom hinauf und hinab eilenden Dampfer und zählt gegen viertausend Einwohner. Das lustige Mainz war also sehr nahe und ebenso die vornehmen Taunusbäder als: Wiesbaden, Homburg, Langenschwalbach und Schlangenbad, welch letzteres man in halbstündiger Fahrt auf einer Schmalspurbahn erreichte. Wie oft in der schönen Jahreszeit unternahmen wir Ausflüge, meine Eltern, meine Schwester Olympia und ich, zu Schiff, zu Wagen und mit der Eisenbahn, und zwar nach allen Himmelsrichtungen: denn überall lockten Reize und Sehenswürdigkeiten, die Natur und Menschenwitz geschaffen. Noch sehe ich meinen Vater in kleinkariertem, bequemem Sommeranzug mit uns in irgendeinem Wirtsgarten sitzen – ein wenig weitab vom Tische, weil sein Bauch ihn hinderte, nahe heranzurücken – und mit unendlichem Behagen ein Gericht Krebse nebst goldenem Rebensaft genießen. Oftmals war auch mein Pate Schimmelpreester dabei, betrachtete Land und Leute scharf prüfend durch seine rundäugige Malerbrille und nahm das Große und Kleine in seine Künstlerseele auf.

Mein armer Vater war Inhaber der Firma Engelbert Krull, welche die untergegangene Sektmarke 'Lorley extra cuvée' erzeugte. Unten am Rhein, nicht weit von der Landungsbrücke, lagen ihre Kellereien, und nicht selten trieb ich mich als Knabe in den kühlen Gewölben umher, schlenderte gedankenvoll die steinernen Pfade entlang, welche in die Kreuz und Quere zwischen den hohen Gestellen hinführten, und betrachtete die Heere von Flaschen, die dort in halbgeneigter Lage übereinandergeschichtet ruhten. Da liegt ihr, dachte ich bei mir selbst (wenn ich auch meine Gedanken natürlich noch nicht in so treffende Worte zu fassen wußte), da liegt ihr in unterirdischem Dämmerlicht, und in euerem Innern klärt und bereitet sich still der prickelnde Goldsaft, der so manchen Herzschlag beleben, so manches Augenpaar zu höherem Glanze erwecken soll! Noch seht ihr kahl und unscheinbar, aber prachtvoll geschmückt werdet ihr eines Tages zur Oberwelt aufsteigen, um bei Festen, auf Hochzeiten, in Sonderkabinetten eure Pfropfen mit übermütigem Knall zur Decke zu schleudern und Rausch, Leichtsinn und Lust unter den Menschen zu verbreiten. Ähnlich sprach der Knabe; und so viel wenigstens war richtig, daß die Firma Engelbert Krull auf das Äußere ihrer Flaschen, jene letzte Ausstattung, die man fachmännisch die Coiffure nennt, ein ungemeines Gewicht legte. Die gepreßten Korke waren mit Silberdraht und vergoldetem Bindfaden befestigt und mit purpurrotem Lack übersiegelt, ja ein feierliches Rundsiegel, wie man es an Bullen und alten Staatsdokumenten sieht, hing an einer Goldschnur noch besonders herab; die Hälse waren reichlich mit glänzendem Stanniol umkleidet, und auf den

Bäuchen prangte ein golden umschnörkeltes Etikett, das mein Pate Schimmelpreester für die Firma entworfen hatte und worauf außer mehreren Wappen und Sternen, dem Namenszuge meines Vaters und der Marke 'Lorley extra cuvée' in Golddruck eine nur mit Spangen und Halsketten bekleidete Frauengestalt zu sehen war, welche, mit übergeschlagenem Beine auf der Spitze eines Felsens sitzend, erhobenen Armes einen Kamm durch ihr wallendes Haar führte. Übrigens scheint es, daß die Beschaffenheit des Weines dieser blendenden Aufmachung nicht vollkommmen entsprach. „Krull", mochte mein Pate Schimmelpreester wohl zu meinem Vater sagen, „Ihre Person in Ehren, aber Ihren Champagner sollte die Polizei verbieten. Vor acht Tagen habe ich mich verleiten lassen, eine halbe Flasche davon zu trinken, und noch heute hat meine Natur sich nicht von diesem Angriff erholt. Was für Krätzer verstechen Sie eigentlich zu diesem Gebräu? Ist es Petroleum oder Fusel, was Sie bei der Dosierung zusetzen? Kurzum, das ist Giftmischerei. Fürchten Sie die Gesetze!" Hierauf wurde mein armer Vater verlegen, denn er war ein weicher Mensch, der scharfen Reden nicht standhielt. „Sie haben leicht spotten, Schimmelpreester", versetzte er wohl, indem er nach seiner Gewohnheit mit den Fingerspitzen zart seinen Bauch streichelte, „aber ich muß billig herstellen, weil das Vorurteil gegen die heimischen Fabrikate es so will – kurz, ich gebe dem Publikum, woran es glaubt. Außerdem sitzt die Konkurrenz mir im Nacken, lieber Freund, so daß es kaum noch zum Aushalten ist." Soweit mein Vater.

Unsere Villa gehörte zu jenen anmutigen Herrensitzen, die, an sanfte Abhänge gelehnt, den Blick über die Rheinlandschaft beherrschen. Der abfallende Garten war freigebig mit Zwergen, Pilzen und allerlei täuschend nachgeahmtem Getier aus Steingut geschmückt; auf einem Postament ruhte eine spiegelnde Glaskugel, welche die Gesichter überaus komisch verzerrte, und auch eine Äolsharfe, mehrere Grotten sowie ein Springbrunnen waren da, der eine kunstreiche Figur von Wasserstrahlen in die Lüfte warf und in dessen Becken Silberfische schwammen. Um nun von der inneren Häuslichkeit zu reden, so war sie nach dem Geschmack meines Vaters sowohl lauschig wie heiter. Trauliche Erkerplätze luden zum

Sitzen ein, und in einem davon stand ein wirkliches Spinnrad. Zahllose Kleinigkeiten: Nippes, Muscheln, Spiegelkästchen und Riechflakons waren auf Etageren und Plüschtischchen angeordnet; Daunenkissen in großer Anzahl, mit Seide oder vielfarbiger Handarbeit überzogen, waren überall auf Sofas und Ruhebetten verteilt, denn mein Vater liebtes es, weich zu liegen; die Gardinenträger waren Hellebarden, und zwischen den Türen waren jene luftigen Vorhänge aus Rohr und bunten Perlenschnüren befestigt, die scheinbar eine feste Wand bilden und die man doch, ohne eine Hand zu heben, durchschreiten kann, wobei sie sich mit einem leisen Rauschen oder Klappern teilen und wieder zusammenschließen. Über dem Windfang war eine kleine, sinnreiche Vorrichtung angebracht, die, während die Tür, durch Luftdruck aufgehalten, langsam ins Schloß zurücksank, mit feinem Klingen den Anfang des Liedes „Freut euch des Lebens" spielte.

Von der Eltviller Aue aus, wo sich in der ehemaligen bischöflichen Residenz aus dem 14. Jahrhundert jetzt eine Galerie und ein Museum befinden, hat im Jahre 1840 der junge Freiherr Langwerth von Simmern aufs rechte Rheinufer geblickt:

Die Au, so heißt die Rheininsel, welche mein Vater unserem Garten gegenüber besaß. Dort fand ich ländliches Stilleben. Welche Freude war es nicht, wenn der alte Militärmantel meines Vaters mit dem roten Futter und dem Kragen mit dem Kettchen am Löwenkopf nach dem 'Rheingarten' gebracht ward, wenn das herbeigeläutete Boot von drüben herüberkam und wir den Strom dann durchkreuzten! Welch herrliches Schwarzbrot, welche Milch, welche Kirschen gab es dort drüben! Wie wohltuend berührte mich das für die Herrschaft reservierte Zimmer, das sogenannte 'Salet', durch seine Einfachheit! Wie herrlich war es im Heu zu liegen, vor sich den wirklich einzigartigen Blick auf das rechte Rheinufer mit Eltville und dem Taunus! Für meine ganze Kindheit ist diese Au von der größten Bedeutung gewesen. Die vollkommene Stille und Abgeschlossenheit durch das umgebende Wasser übten stets einen unbeschreiblichen Zauber im Gegensatz zu der Unruhe des Rheingaues auf mich aus. Später habe ich dort auch regelmäßig im freien

Rhein gebadet, was am rechten Ufer der Straßenjugend wegen kaum möglich war. Zu allem diesem kam die erquickende Kühle und das Grün der Wiesen, während am rechten Rheinufer, wenn es guten Wein geben sollte, alle Rasen verbrennen mußten. Einen größeren Gegensatz gegen die Au als ein Spaziergang auf der staubigen Rheingauer Chaussee oder in den Weinbergen kann man sich nicht denken.

1838/39 erschien im Mainzer Verlag C. G. Kunze in zehn Heften das Werk 'Rheinisches Album oder der Rheingau mit dem Wisperthale und den Nachbarstädten Mainz und Wiesbaden' von Adelheid von Stolterfoth mit 30 Stahlstichen und einer Karte. Wegen des großen Erfolges machte 1840 der Verlag daraus drei Sonderausgaben. Eine dieser Ausgaben trug den Titel: 'Beschreibung, Geschichte und Sage des Rheingaues und Wisperthales'. Da es immer noch Vergnügen bereitet, die Beschreibungen der 'rheinischen Nachtigall' zu lesen, erschien 1985 ein Nachdruck dieses Bändchens im Selbstverlag von Christa Kleiper.

Wir bringen hier Auszüge über Erbach, Hattenheim, Mittelheim und Winkel, Rauenthal.

Erbach

Schon im zehnten Jahrhundert war dieser Ort angebaut und hatte eine Kapelle, im dreizehnten eine eigene Pfarrkirche. Es war einst der Sitz des 1564 ausgestorbenen rheinischen Rittergeschlechts der von Allendorf. Weit früher schon als in der

> „Zeit, wo man mit Wohlbedacht
> Nur latein'schen Vers gemacht" (Uhland)

lebte und starb (1477) zu Erbach eine Frau aus diesem Geschlecht, welche in der Kultur- und Sittengeschichte des Rheingaus als Dichterin genannt wird. Es war die schöne und geistvolle Gemahlin

Adams von Allendorf, des Vicedoms im Rheingau. Sie dichtete deutsch und lateinisch und las die Alten. Damals waren aber die Dichterinnen noch seltner als jetzt, und wenn sie sangen, so waren es fromme Lieder zur Ehre Gottes und seiner Heiligen. Auch diese sang nur geistliche Weisen. Sie schrieb ein Gedicht über St. Bernhard von Clairvaux, und das Leben der heiligen Hildegardis. Im Kloster Eberbach ist ihre Ruhestätte.

Erbach, mit den schönen Landhäusern des Grafen von Westphalen, Herrn von Oettinger u. a. geschmückt, liegt in ziemlich langer Reihe dicht am Ufer des Rheines. Gegenüber fängt die grosse Rheinau an, welche zu dem Gute des Grafen v. Westphalen gehörend, sich beinahe eine halbe Stunde weit bis Hattenheim erstreckt und ein beliebter Vergnügensort der Rheingauer ist. In den Wirtschaftsgebäuden sind Erfrischungen zu haben, und hier und da öffnen sich zwischen hohen schattigen Baumgruppen die reizendsten Fernsichten stromauf- und abwärts.

Zwischen Erbach und Hattenheim quillt dicht an der Strasse, aus einer zierlich gemauerten Nische von rotem Sandstein, ein frischer Bergquell. Die darüber angebrachte Inschrift *Markobrunn* zeigt dem Wandrer an, dass er eine der berühmtesten Weinbergslagen des Rheingaus vor sich sieht, wo der treffliche Markobrunner gezogen wird. Der Distrikt des eigentlichen Markobrunns besteht aus etwa 23 Morgen.

Hattenheim

Der Sage nach soll dieser schön gebaute Flecken seine Entstehung dem Erzbischof Hatto II. von Mainz (gest. 970) verdanken und daher seinen Namen haben. Historisch gewiss war es jedoch erst 1069 ein kleines Dörfchen, hatte später mehrere Burgen und wurde der Sitz einiger, bis auf die uralten Freiherrn Langwerth von Simmern ausgestorbenen Adelsgeschlechter. Noch ist in Hattenheim deren mit riesenhohen Schornsteinen versehene Burg zu sehen, welche, nebst bedeutenden Weinbergen, zu den Besitzungen des Freiherrn Langwerth von Simmern in Eltville gehört.

Gegenüber von der wenig Merkwürdigkeiten darbietenden Kirche liegt das Haus des Barons von Mappes. Eine kleine anmutige Gartenanlage hinter demselben zieht sich bis an den Rhein hinab.

Mittelheim und Winkel

Eine halbe Viertelstunde von Oestrich entfernt fangen schon die ersten Häuser von *Mittelheim* an. Es hat mit *Winkel* 2131 Einwohner und ist mit demselben bis auf einen kleinen Raum ganz zusammen gebaut. Wir wüssten von Mittelheim wenig mehr zu melden, als dass es einige freundliche Landhäuser und die älteste, obgleich am wenigsten schöne Kirche des Rheingaus besitzt. Dieselbe ist klein, niedrig und in Kreuzform gebaut. Sie stammt aus dem zehnten Jahrhundert.

Winkel ist wohl gleich Lorch unleugbar römischen Ursprungs. Es hiess ursprünglich *Vinicella*, und soll ein römisches Weinlager gewesen sein. Von Steindenkmalen aus jener Zeit ist noch nichts entdeckt, wohl aber hat man schon römische Münzen mit dem Bildnis Trajans gefunden. Auch wurde 1823 in der Nähe von Winkel, bei dem Schlosse Vollraths an der sogenannten Steinkaute, von Arbeitern die mit Anlegung eines neuen Weinbergs beschäftigt waren, ein Grabhügel etwa 14 Schuh im Umkreis und 8 bis 10 Schuh tief entdeckt. Darin wurden zerbrochene Ziegelstücke und 6 Urnen von einer schwärzlichen Masse gefunden, worin sich Sand, Asche und einige Knochen befanden. An dieses Feld stösst ein Weinbergsdistrikt welcher *Götzenberg* heisst, und sich bis gegen die Klause erstreckt; auf der anderen Seite ziehen sich Weinberge gegen Oestrich zu, welche den Namen *Opperberg (Opferberg)* führen. Im Munde des Volkes lebt die Sage, dass einst in grauer Vorzeit auf dieser Stelle den Göttern geopfert worden sei.

Winkel hat noch eine historische Merkwürdigkeit – es ist das am Rhein liegende sogenannte *graue Haus,* einst die Wohnung des weisen und gelehrten *Rabanus Maurus.* Er war ein Schüler Alkuins und verfasste eine grosse Menge theologischer Werke. Der heilige

Mann, welcher bei einer grossen Hungersnot in den Rheingegenden täglich über 300 Arme speiste, und als Erzbischof von Mainz in diesem Haus 856 starb, steht bei den Einwohnern von Winkel noch in so dankbarer Erinnerung, dass von Geschlecht zu Geschlecht den Knaben gerne und häufig der Name *Rabanus* beigelegt wird. Die Volkssage erzählt, dass der Heilige die Ratten auf ewig aus Winkel verbannt und „verschworen" habe. Bis auf neuere Zeiten wurde daher von abergläubischen Wanderern der niederen Volksklassen Erde und Mörtel aus der ehemaligen kaum mehr zu erkennenden Hauskapelle des heiligen Rabanus geholt, um diese unwillkommenen Gäste zu vertreiben.

Wir machen den Wanderer nun zuletzt auf das interessanteste Gebäude in Winkel aufmerksam. Es ist das, an der Landstrasse am westlichen Ende des Fleckens liegende, Landhaus des Herrn Brentano von Birkenstock in Frankfurt. In seinen freundlichen Gemächern schrieb Bettina von Arnim mehrere ihrer Briefe an Goethe, und von hier aus unternahm sie ihre Streifereien in die Umgegend, die sie so genial beschreibt. Alles daselbst ist noch so, wie es ihre lebendige und dichterische Phantasie auf das anmutigste darzustellen wusste, selbst die naheliegende Gerberei gibt noch Zeugnis fortwährender Tätigkeit durch die Düfte welche sie verbreitet!

Dicht hinter Winkel liegen die wenigen Häuser von St. Bartholomä und wir wissen nichts davon zu melden, als dass auf dieser Stelle einst das längst eingegangene Dörfchen *Klingelmünde,* an der in den Rhein sich ausmündenden Klingelbach, gestanden.

Eine Viertelstunde von Winkel entfernt und seitwärts nach dem Gebirge zu, liegt das dem Freiherrn von Greifenclau gehörige Schloss *Vollraths.* Es ist die einzige von allen Rheingauischen Privatburgen, welche sich erhalten hat. Auch hier ist noch alles so, wie es *Goethe* in seinen Reisen am Main und Rhein mit historischer Treue schilderte. Noch immer ragt der große aus dem dreizehnten Jahrhundert stammende Turm aus dem grünen Gewässer des Weihers, noch immer liegt in seinen veröten Gemächern jener uralte Turniersattel, und in dem Gartensalon sind die Reihen Greifenclauischer Ahnenbilder ihren Plätzen getreu geblieben. Auch in dem neuern Schlosse ist jenes Zimmer voll uralter Stammbäume und Familienbilder eben so unverändert, wie es Goethe 1814 gesehen hatte! –

Wir geleiten den Wandrer nun auf der guten Kunststrasse, welche von Winkel aus bergan, und an dem schönen Landhause des Herrn Mumm von Scheibler vorüber nach

Rauenthal

Der ganze Rauenthaler Berg, wo diese zum Teil vortrefflichen Weine wachsen, war im dreizehnten Jahrhundert noch eine rauhe Wildnis, und arme Bauern baten den Erzbischof Siegfried von Mainz, ihnen denselben gegen die jährliche Abgabe eines Weinzehntens zum Anbau zu überlassen. Sie siedelten sich etwas tiefer gelegen an, und nannten ihr Dörfchen sehr bezeichnend: *Rauenthal.* Jetzt ist es ein freundlicher, mit mehreren hübschen Häusern geschmückter Ort.

Durch die in den letztern Zeiten ungemein verbesserte Kultur der Weinberge und sorgfältigste Auslese der Trauben wurden hier in den Jahrgängen 1822, 1831, 1834 Weine gewonnen, welche denen des nachbarlichen Steinberges an Güte sehr nahe kommen sollen. Sie erreichten sehr hohe Preise. Doch auch schon früher wurden die hiesigen Weine sehr geschätzt und gesucht, und im sechzehnten und siebzehnten Jahrhundert hatte Rauenthal seine eigenen Weinmärkte, *Gabelungen* genannt.

Eine halbe Viertelstunde von Rauenthal entfernt, auf der Spitze des Berges, der so köstliche Reben trägt, steht ein kleines verwahrlostes Kapellchen, und hier ist der Punkt wo man eine der bezauberndsten Aussichten des Rheingaus geniesst. Es vergeht kein schöner Sommerabend, ohne dass zahlreiche Besucher aus den umliegenden Bädern hierherkommen, um sich daran zu erfreuen, und wohl ist zu beklagen, dass kein Turm wie auf dem Melibokus, oder auch nur ein einfacher hölzerner Tempel wie auf der Boss bei Eberbach einen geschützten Ruhepunkt gewährt. Man schaut hier das ferne Darmstadt, Mainz, Biebrich, Schierstein, Eltville, Kiedrich und Burg Scharfenstein, Erbach, Hallgarten, Hattenheim, den Hof

147

Reichardshausen, Oestrich, Winkel, Schloss Vollraths, den stolzen Johannisberg, Geisenheim, Eibingen, Rüdesheim mit seinen grauen Burgen und den Tempel des Niederwaldes. Auf der linken Seite des Rheines am Eingang in die Bergschlucht liegt Bingen mit der Burg Klopp, dann stromaufwärts der Rochusberg mit seiner weissen Kapelle, das freundliche Dörfchen Kempten, Gaulsheim, Algesheim, der Lorenziberg mit der Vierzehnnothelfers-Kapelle zwischen zwei alten Lindenbäumen, Ober- und Niederingelheim, der ehemaligen Residenz Kaiser Karls des Grossen, Heidesheim und Budenheim und andre Orte mehr. Der Rhein zeigt sich beinahe an keinem andern Aussichtspunkt so stolz und majestätisch, als hier, wo man seinen Lauf von Mainz bis Bingen mit einem Blick übersieht. Seine Uferhöhen überragen: der Feldberg, der Melibokus, die Bergstrasse, die Vogesen, das Hardtgebirge, der Donnersberg und die hohen Abdachungen des Sohnwaldes mit dem Druidenberg bei Bingen.

Unfern der kleinen Kapelle, wo man dieser ausgebreiteten Aussicht geniesst, ist ein verschütteter Brunnen und es liegen viele Steine umher. – Da manche Reisende glauben, es seien Trümmer einer Burgruine, und dieser Irrtum auch in einige Reisebeschreibungen übergegangen ist, so bemerken wir nur, dass jene Steine von dem vorigen Besitzer des Bergplateaus herrühren, welcher einst die Absicht hatte, auf dieser schönen Stelle ein Haus zu bauen. Jetziger Besitzer ist der noch in Rauenthal begüterte Freiherr von Zwierlein. – Wir kehren nun wieder an die Ufer des Rheines zurück und führen den Wandrer an dem, in italienischem Geschmack erbauten Landhaus des Herrn von Langen und an dem Hof des Freiherrn von Bodelschwingen, *Draiser Hof* genannt, vorbei, und nach dem eine halbe Stunde von *Eltvill*e entfernten

Geisenheim

Adelheid von Stolterfoth, die von 1825 bis zu ihrem Tod im Jahre 1850 in Geisenheim wohnte, bekam im Jahre 1827 poetischen Besuch. Der Dichter Friedrich von Matthisson machte ihr während einer Rheinreise die Aufwartung und nannte sie bei dieser Gelegenheit die

Geisenheim

'Rheinphilomele'. Offenbar regte sie durch ihr freundlich-lebhaftes Auftreten dazu an, sie mit schmeichelhaften Bezeichnungen zu ehren; denn auch als 'rheinische Nachtigall' war sie bekannt, und Ferdinand Freiligrath, der sie im Herbst 1841 und im Frühjahr 1842 in Geisenheim besuchte, nannte sie „die liebenswürdigste Dichterin, deren sich der Rhein rühmen kann". Durch Freiligraths Beziehung zu Adelheid von Stolterfoth wurde der berühmte nordamerikanische Dichter Henry Wadsworth Longfellow (1807–1882) auf Geisenheim aufmerksam. Während ausgedehnter Europareisen lernte er Freiligrath und Adelheid von Stolterfoth kennen und schätzen.

In seinem dramatischen Werk 'The Golden Legend' von 1851 lässt Longfellow den versöhnlichen Schluss des Dramas durch die Geisenheimer Kirchenglocken einläuten.

Am Marktbrunnen, der seit 1949 Longfellowbrunnen heißt, sind diese Schlussworte in neuer Übersetzung eingemeißelt:

> Was für ein Läuten mag das sein,
> es klingt so mild, so tief und rein?

149

Das ist zum Sonnenuntergang
Voll Wehmut, daß der Tag versank,
der Glockenklang von Geisenheim.

Um die Bindungen zwischen Geisenheim und Longfellow zu ver-
stärken, wurde 1949 die Longfellow-Gemeinschaft gegründet.
Dazu schreibt Wolf-Heino Struck in seiner 'Geschichte der Stadt
Geisenheim' (Frankfurt/M. 1972):

Ein interessantes Beispiel, wie Werte der Vergangenheit aus den
Bedürfnissen unserer Zeit zu neuem Leben erweckt werden, stellt
die Begründung der Longfellow-Gemeinschaft in der Steuben-
Schurz-Gesellschaft dar. Als Geisenheim im Frühjahr 1945 von
amerikanischen Truppen besetzt wurde, fragte der Kommandant
die Stadtverwaltung nach der „Longfellow-Glocke". Die drei alten
Glocken mit ihrem schweren, wehmütigen Klang hatte die Kirche
jedoch 1941 zum Einschmelzen abliefern müssen. Mit Hilfe des
Kommandanten wurden sie in Mainz und Hamburg wiedergefun-
den und an den alten Platz gebracht. Die Feier von Goethes 100.
Geburtstag in den Vereinigten Staaten im Jahre 1949, die zur Über-
brückung der im Kriege aufgebrochenen Kluft zwischen beiden
Völkern beitrug, gab dann den Anstoß, umgekehrt die deutschen
Beziehungen des großen nordamerikanischen Dichters Longfellow
hier in der Öffentlichkeit herauszustellen. Neben dem inzwischen
verstorbenen deutschen Generalkonsul in Bombay, Dr. Helmuth
Dietmar, der in Wiesbaden im Ruhestand lebte, hat der frühere
hessische Kultusminister und Geisenheimer Oberstudiendirektor
Dr. Franz Schramm († 26. 2. 1966) das Verdienst, daß in Geisenheim am 3. September 1949 in Gegenwart des hessischen Minister-
präsidenten Christian Stock die Gedenkstätte enthüllt und die
Longfellow-Gemeinschaft begründet wurde. Es wurde ein Litera-
turpreis gestiftet, der alle 5 Jahre an hervorragende Persönlichkeiten
verliehen werden soll, die sich um das Geistesleben und die Annä-
herung der Völker verdient gemacht haben. 1949 erhielten ihn die
deutschen Dichter und Schriftsteller Rudolf Alexander Schröder
und Reinhold Schneider. 1954 wurde er an den Bundespräsidenten
Prof. Dr. Theodor Heuß und den ehemaligen Hohen Kommissar

für Deutschland, McCloy, verliehen. Bei dieser großen Feier waren außer dem Bundespräsidenten der hessische Ministerpräsident Georg-August Zinn und der hessische Kultusminister Arno Hennig zugegen. 1958 wurde der Longfellow-Preis dem französischen Politiker und Präsidenten der Europäischen Gemeinschaft Robert Schumann und dem amerikanischen Senator von Arkansas John William Fullbright zuerkannt, 1963 dem Minister a. D. Dr. Schramm und dem amerikanischen Senator Prof. Ralph Burns vom Dartmouth College in Hanover/New Hampshire, USA, der 1949–1952 Leiter des Austauschprogramms der amerikanischen Hohen Kommission für Deutschland (HICOG) war und bei der Gründungsfeier 1949 das Heimatland Longfellows, den nordamerikanischen Staat Maine, vertreten hatte.

Vom 2. November bis zum 27. Dezember 1846 hielt sich Hofmann von Fallersleben in Geisenheim auf. In seiner Autobiographie 'Mein Leben. Aufzeichnungen und Erinnerungen' (1868) schreibt er über diese Zeit:

Ich war wieder ein Gast Karl Dresel's und lebte wieder sehr angenehme Tage in geselliger und literarischer Beziehung und fühlte mich wieder recht heimisch in dem schönen Rheingau.

(. . .)

Um in meinen achtwöchentlichen Aufenthalt etwas Abwechselung zu bringen, und auch um mich zu entschädigen für die Tage wo ich krank war, unternahm ich einige Ausflüge nach Hallgarten, Bingen, Kreuznach und Wiesbaden. Das Wetter hielt sich lange recht schön. Noch am 11. November fand ich bei Itzstein im Garten blühende Rosen, Nelken, Fuchsien, Reseden und reife Erdbeeren.

In dem nahen Rüdesheim war ich natürlich öfter. Mehrere Abende besuchte ich mit den übrigen das Schauspiel. Es hatte sich nämlich für den Winter dort eine wandernde Schauspielergesellschaft niedergelassen. Die Wahl der Stücke war oft schlecht und das Spiel ebenso schlecht. Wir aber hatten doch immer unsern Spaß, und es gab mitunter sogar einen Kunstgenuß. So wurde z. B. der 'verwunschene Prinz' meisterhaft gegeben. Die armen Leute waren zuletzt so herunter gekommen, daß sie selbst zum Trauerspiel wurden. Wir unterstützten sie auf mancherlei Weise, und es war oft recht ergötz-lich, wenn in einem neuen Stücke die Prima Donna in einem neuen Kleide auftrat und meine Nachbarin sagte zu ihrem Manne: „Sieh mal, mein Kleid macht sich doch ganz gut!" Wie manche Hose und Weste, wie mancher Rock aus unserer Garderobe betrat hier die Bretter, welche die Welt bedeuten!

(. . .)

Auch der fernere Aufenthalt war ein sehr angenehmer: ich konn-te frei über meine Zeit verfügen und hatte Anlaß und Stoff genug, mich geistig zu beschäftigen. Meine heitere Stimmung wurde nur dann getrübt, wenn mich rheumatische Schmerzen zu sehr plagten, so daß ich unfrei wurde, weder arbeiten noch ausgehen konnte.

An den üblichen Wintervergnügungen, woran sich die jüngeren Mitglieder der Familie gerne beteiligten, fand ich keine Freude. Ob-schon ich Ehrenmitglied des Rheingauer Carnevals-Vereins war, so fand ich mich doch nur Einmal dazu in Winkel ein.

Zu Ausflügen war das Wetter nur selten einladend. Einige Male besuchte ich Itzstein in Hallgarten und eines Tages war ich mit Karl bei Hofmann in Winkel. Der alte Herr mußte uns wieder Einiges aus seinem Leben mitteilen und er erzählte mit großer Lebendig-keit. Wir erfuhren Manches was wir bisher noch nicht wußten, z. B. daß er in der Vendée dreimal verwundet wurde, in London Fox ec. näher kennen lernte, in Hamburg bei Klopstock verborgen weilte, in Bingen die Bürger zum Schwören brachte und den Commissaire général verhaftete u. dgl.

Die Abende pflegte ich in der Familie etwas vorzulesen. Leider war meine Zuhörerschaft oft nur eine Zeit lang aufmerksam. Mor-pheus entführte einen nach dem anderen in sein stilles Reich.

Hochheim

Der Rheinische Antiquarius (Christian von Stramberg, 1785–1868) schreibt 1867 einige historische Bemerkungen über Hochheim und überlässt die Begeisterung dem reisenden 'Franzosen' Johann Kas-par Riesbeck, den wir schon kennengelernt haben:

Hochheim

1851 zählte Hochheim in 331 Häusern 2148 Einwohner; die Markung hielt 4924 Morgen. Die Pfarrkirche ist zu Ehren der Apostel Peter und Paul geweiht, und gehören in die Pfarrei, außer den hiesigen (2028) Katholiken, Delkenheim und der Mechtilshäuserhof, 9 Individuen, zu Nordenstatt 5, zu Wallau 8 Einwohner. „Zu Wickert, 2 Stunden von Mainz," schreibt der reisende Franzos, Riesbeck, „verändert sich die Natur des Landes. Von der Bergreihe der Wetterau läuft hier ein Arm bis an das Ufer des Mains herab und bildet unfern desselben zwei breite Hügel, auf deren einem Wickert, auf dem andern aber Hochheim liegt. Der südliche und westliche Abhang des erstern trägt einen vortrefflichen Wein. Der östliche Abhang des zweiten ist unvergleichliches Getreidefeld, und seine Abhänge gegen Süden und Westen tragen ohne Vergleich den edelsten Wein von Deutschland. Der Flecken Hochheim, von welchem die Engländer allen Rheinwein *hock* benennen (auch ihr Ausdruck *hoghshead*, ein Stückfaß, wird von Hochheim abgeleitet), soll über 300 Familien stark sein. Einen schönern und reichern Bauernort hab ich nicht gesehen. Er gehört dem Domcapitel von Mainz, und der Dechant dieses Capitels genießt die Revenuen desselben. In einem guten Jahr gewinnt derselbe hier für 12 bis 15 tausend Gulden Wein. Er und die Augustiner von Mainz und Frankfurt sind ausschließlich im Besitz der sogenannten Blume des Hochheimer Weines, von welcher in guten Jahren das Stück, zu 600 Maas, für 900 bis 1000 Gulden von der Kelter weg verkauft wird. Dieser Wein gehört also unter die teuersten in der Welt. Wir waren begierig diesen seltenen Wein zu kosten und mußten im Ort selbst die gewöhnliche grüne Bouteille mit 1 Reichstaler bezahlen. Dieser war aber vom besten Jahrgang in diesem Säculum, nämlich von 1766, den wir nicht bekommen hätten, wenn nicht ein Advokat von Mainz bei uns gewesen wäre, dem der Wirt, seines Vorteils halber, etwas zu Gefallen tun wollte. Dies war der erste deutsche Wein, den ich ganz ohne Säure gefunden. Er war auf der Zunge blosses Gewürz. Der übrige Hochheimer Wein, so gut er auch sein mag, ist doch nicht von Essig frei, ob man schon die Bouteille vom geringsten desselben, wenn er seine Jahre hat, mit 1/2 Gulden im Ort selbst bezahlt.

Die starke Stunde Wegs von Hochheim bis nach Mainz war eine der angenehmsten auf meinen deutschen Reisen. Erst geht es den goldnen Hügel auf eine Viertelstunde durch ununterbrochene Weingärten herab, die an der Strasse stark von Obstbäumen beschattet werden. Auf diesem Abhang beherrscht man eine unvergleichliche Aussicht über ein kleines, aber ungemein reiches Land, welches die nördliche Erdzunge bei dem Zusammenfluß des Rheins und Mains bildet. Die Blume des Hochheimer Weines wächst nicht auf dieser Seite des Hügels, die gegen die Morgensonne zu sehr gedeckt ist, sondern gerade gegen Süden. Hierauf kömmt man in eine Tiefe, welche von einem kleinen Bach bewässert wird, und wo Wiesen, Felder und Obstgärten die schönsten ländlichen Szenen darstellen. Zur Linken schimmert nahe bei durch einen Wald von Obstbäumen das wirklich prächtige Dorf Kostheim. Die schöne Strasse windet sich sodann durch die Obst- und Weingärten des grossen Fleckens Kassel, welcher am Ende der mannigfaltigsten und natürlichsten Allee am Ufer des Rheines, grade gegen Mainz über, zum Vorschein kömmt." Der Weinberg, welcher die sogenannte Blume von Hochheim erzeugt, zieht sich dem Main zu hinab und hält nicht über 10 Morgen. Von der Domdechanei herrührend, entging er als Nassauisches Stammgut, als Domaine dem Schicksal der Veräußerung. Ein Franzose, ich glaube Herbin, in der Statistique générale et particulière de la France, 7 Bände, 1803, hat von der Hochheimer Blume oder, nach seiner Übersetzung, von der fleur de Halherin gehört, teilt sie aber sehr freigebig dem Rhein- und Moseldepartement zu. Das Stückfaß von diesem Wein wird gegenwärtig mit 4000 Gulden bezahlt. Prächtig schildert Lord Byron im Child Harold die Schönheiten der Lage von Hochheim, ohne doch den Ort zu nennen:

[...]
Mutter Natur! Was stellt der Pracht sich gleich,
Mit der du schmückst den königlichen Rhein?
Umglänzt von aller Schönheit Wunderschein,
Ein göttlich Werk sieht Harold, – Täler, Flüsse,
Fels, Wald und Laub, Kornfelder, Früchte, Wein,
Herrnlose Burgen, hauchend Scheidegrüße,
Wo der *Verfall* bewohnt umlaubter Mauern Risse.

Gleich einem hehren Geist seht dort sie stehn,
Zerfallen noch die alte Hoheit wahren,
Verlassen, nur umkreist vom Windeswehn
Und mit der Wolken düsterm Zug sich paaren!
Es gab 'ne Zeit, als stolz und jung sie waren,
Da führt man Scharen hier, ließ Banner wogen;
Doch die da fochten, ruhn seit langen Jahren,
Und was da wogte, ist zu Staub zerflogen;
Nie mehr bedroht ein Streich der Zinnen bleiche Bogen.

In diesen Mauern, diesen Türmen wohnte
Gewalt bei Leidenschaft; auf stolzem Schloß
Gewappnet hier ein jeder Raubgraf thronte,
Böswillig schaltend, doch nicht minder groß
Als der berühmten alten Helden Troß.
Soll diese Stegreifritter man verachten,

Weil einfach war ihr Grab, beschränkt ihr Los,
Weil feile Schreiber sie berühmt nicht machten?
Ihr Hoffen war gleich warm, gleich brav ihr Herz
in Schlachten.

Hessenkenner Georg Ludwig Wohlgemuth, von dem man in letzter Zeit leider nicht mehr viel hört, erklärt, was Queen Victoria 1850 in Hochheim wollte:

Es ist jetzt schon eine Weile her, da stattete die englische Queen Victoria dem Weinort Hochheim einen königlichen Besuch ab.

Was, fragten sich die Kenner der höfischen Etikette, suchte die sittenstrenge Herrscherin über ein so großes Weltreich 1850 gerade in dem Mainstädtchen, wo nachweislich niemand ihrer zahlreichen deutschen Verwandten wohnte?

War die eiserne Monarchin etwa plötzlich der Trunksucht verfallen? Oder...? Fragen über Fragen. Ich glaube, die Königin wollte nur höchstpersönlich überprüfen, warum es ihre Untertanen jedes Jahr in Scharen an den Rhein zog und vor allem nach Hochheim, das schon jetzt die Devisenvorräte Großbritanniens empfindlich schrumpfen ließ. Denn gerade dort wuchs ein edler Tropfen, der nicht nur berühmt, sondern auch teuer war, und die Steuerzahler Ihrer Majestät mußten schon tief in die Taschen ihrer karierten Kniebundhosen greifen, um sich zumindest ein Glas dieses göttlichen Getränks leisten zu können, das schon der große Dichter Lord Byron besungen hatte.

Und weil ihnen, den pfundigen Touristen von der Insel, in weinseliger Stimmung der Hochheimer zwar wunderbar leicht über die Zunge ging, aber sein Name dafür nur äußerst schwerfällig über die Lippen, nannten sie ihn einfach 'Hock' – und so heißt heute der ganze deutsche Weißwein in England.

Aber zurück zu Queen Victoria, die für Ausschweifungen aller Art nichts, aber auch gar nichts übrig hatte und nur deshalb nach Hochheim gekommen sein dürfte, um einen Sumpf trockenzulegen.

Aber der unwiderstehliche Charme der hessischen Winzer und vor allem die hervorragende Qualität des Hochheimers, die selbst

die kaum entwickelten Geschmacksnerven der Queen zu Höchst-
leistungen anspornte, ließen den sonst eher düsteren königlichen
Blick bald äußerst wohlgefällig auf dem Städtchen ruhen.

Ein cleverer Winzer nutzte die Chance und ergatterte sich von
der Queen sogar die Erlaubnis, einen seiner Weinberge nach ihr
nennen zu dürfen. Was sich Steffi Graf und Boris Becker heute mit
Millionen bezahlen lassen, das kostete unseren schlauen Hochheimer Winzer nur ein Denkmal. Mitten in seinem goldenen Weinberg
steht es und mißt achteinhalb Meter, Entschuldigung: achtund-
zwanzig Fuß selbstverständlich.

Hallgarten

*In dem wunderbaren Standartwerk 'Das Herzogtum Nassau in
malerischen Originalansichten' von Aloys Henninger heißt es zu
Hallgarten:*

Hallgarten, welches erhöht über der Rheintalung am Fuße der
„Hallgarter Zange", einer Hauptkuppe des rheinischen Taunus
(Rheingaugebirgs), liegt, ist als Heimat v. Itzstein's bemerkenswert,
der hier auf seinem Landgute am 14. Sept. 1855 starb.

Obwohl in der Tiefe am Rheinufer hingestreckt, zieht der
freundliche Flecken Eberbach durch seine weiße Kirche mit ihrem
schimmernden Turme doch schon von Weitem unser Auge auf sich.
Der nette Ort besitzt mehrere schöne Landhäuser, unter denen sich
die Villa des Grafen v. Westphalen mit ihrem Park durch Lage und
Bauart besonders hervortut. Die nahgelegene Rheininsel, einst die
Langwerther Au genannt, die größte und schönste des Stromes,
trägt von dieser Familie jetzt den Namen der 'Westphälischen Au'.
Das Geschlecht der Edlen v. All- oder Aldendorf, dem die Gemahlin des Vicedoms Adam v. Allendorf angehörte, eine geistreiche
Frau, welche, der alten Klassiker mächtig, deutsche und lateinische
Gedichte machte, hatte in Erbach seinen Sitz. – Bei Jonas im 'Wall-
fisch' dahier war es immer so gut sein, daß es sich Mancher noch
länger, als die drei Tage des Propheten in dessen Bauche gefallen
ließ.

Auf der zwischen Erbach und Hattenheim liegenden Sandau, auch genannt der 'alte Sand', war es wahrscheinlich, wo am 20. Juni 840 Ludwig der Fromme, der gerechte, gelehrte und gutherzige, aber unglückliche Sohn Karls des Großen, von seinen eigenen Söhnen verfolgt, unter einem Zelte den Geist aufgab, nachdem er, schon krank, zu Schiffe von Frankfurt abgefahren war, um sein müdes Haupt in Ingelheim niederzulegen. Man bezeichnet nämlich auch noch andere Inseln, namentlich die ehemalige 'Lützelau' bei Winkel, als die Stätte seines Todes, den Adelh. v. Stolterfoth so hübsch besingt und der nach dem sächsischen Annalisten auf einem Eiland bei Ingelheim (in insula juxta Inglinheim) erfolgte.

Schloss Johannisberg

Es herrscht kein Mangel an literarischen Texten, Erinnerungen, Gedichten, Lobgesängen über Schloss Johannisberg.

Goethe rühmte es: „ Was aber auch sonst noch von geistlichen und weltlichen Gebäuden dem Auge begegnen mag – der Johannisberg herrscht über alles."

Wilhelm Grimm schreibt in einem Brief am 17. Oktober 1833 an einen Göttinger Kollegen:

Mir geht immer das Herz auf, wenn ich den Rhein und seine glückseligen Ufer wieder sehe, seine gesegneten Felder, die Bäume, welche Haupt und Arme ordentlich ausstrecken und nicht wie hier als verknorzte und krummbeinige Dachshunde auf dem Felde hokken. Einen schönen Nachmittag haben wir auf der Altane des Johannisberger Schlosses gesessen, ich glaube ruhiger und vergnügter als der Fürst Metternich selbst, bei einer Flasche seines Kabinettsweines, der zwar mit Gold muß bezahlt werden, wogegen aber auch aller andere Wein nur eine Art gutartiger Essig ist. Denke ich an das Land, das man dort überschaut, und das, was einem dabei in der Seele auf und ab spaziert, so kommt mir die hiesige verlebte Gegend, in welcher die Georgia Augusta [Name für Universität Göttingen] ihre Schafe weidet, wie eine Verbannung vor, die einen dumm macht.

Der bei Grimm angesprochene Metternich, einst gefürchteter Feind
aller demokratischer Regungen, erinnerte sich im Jahre 1857: „Ich
genieße hier eine Ruhe, welche ich als Wohltat zu fühlen weiß, und
zu diesem Genuß trägt der Charakter, welcher der Gegend ange-
hört, das Seinige bei."

1839 schrieb der Vormärz-Dichter Karl Gutzkow:
Fürst Metternich wurde von Österreich mit dem 1813 an Deutschland zurückfallenden Johannisberg belehnt. Dieser Staatsmann verdient es, Deutschlands erster Küfer und Kellermeister zu sein; denn
wer verstand sich so auf den jungen Most der Geister, auf die brau-
sende Gewalt, welche die Tonnenreifen der Staaten sprengen konnte, auf die Beherrschung der sauern und der weinigen Gärungen der
Nation?

Ob es ein Scherz Napoleons war, daß er den Johannisberg einem
General schenkte, dessen deutscher Name ihm schon eine Anwart-
schaft darauf zu geben schien? Vor Metternich gehörte der Johannisberg dem General Kellermann.

Eine stattliche, eisengegitterte Pforte führt in den geräumigen
Hof des Schlosses, auf dem uns rings die aus Stein gehauenen
Eichenkränze als sinnige Symbole der Friedenspolitik begrüßen.
Eine goldene Inschrift nennt das Jahr, in welchem Clemens von
Metternich diese alte, schon vom Abt von Fulda in ein Schloß
verwandelte mönchische Gebäulichkeit erweitern und dem Zeit-
geschmack entsprechend einrichten ließ.

Die innern Gemächer, durch welche uns der Castellan, ein Wiener, führt, verraten überall den Glanz und die Würde des Fürsten-
sitzes. Der große Saal in der Mitte ist ein imposanter Raum. Die
geöffneten Salontüren lassen von hier aus ein Rundgemälde über-
blicken, dem sich vielleicht wenig Aussichten in der Welt verglichen mögen. Es ist ein Blick, wie ihn die lombardische Ebene
nicht schöner bietet. An dem blauen Himmel nicht eine drohende
Wolke, der Strom ruhig flutend und wallend, die Sonne über seinem Spiegel mit flimmernden Lichtern blitzend, Weinberge, Nuß-
baumalleen und zahllose hochgelbe Getreidefelder, die in ihrer
Halmenlast die Sense des Schnitters erwarten.

Begierig sieht man sich nach den zurückgelassenen Spuren, den eigentümlichen Eindrücken, die der Besitzer diesem Aufenthalte gegeben, um. Man wird der charakteristischen Züge nicht viele finden. Der Geist, der hier wohnt, hängt nicht an kleinen dilettantischen Liebhabereien, die weltumfassende Politik hat keine Nippes. Ein kleines Gemälde stellt die Repräsentanten des Wiener Kongresses vor. Man sieht Hardenberg, Nesselrode, den Selbstmörder Castlereagh, Palmella, Talleyrand, auch Friedrich von Gentz und seinen fürstlichen Beschützer selbst. Ein Bildnis des Kaisers Franz durfte nicht fehlen. Das Schlafcabinet entbehrt des heiligen Hausrats nicht, mit dem der Katholizismus seine Andachten feiert. In dem Gesellschaftszimmer sind an den Wänden niedliche Gruppen von Körben zusammengestellt, in welchen man die bunten seidenen Abgänge und wollenen Flocken von weiblichen Handarbeiten zu erblicken glaubt.

Von pikantem Interesse ist das Arbeitszimmer des Fürsten. Es ist enger, als der Horizont seines Besitzers. Ein Geist, der zu denken gewohnt ist, bedarf begrenzter Räume. Durch einen Spiegel kann der Fürst im Arbeiten sehen, wer hinterrücks bei ihm eintritt. Es ist ein verkleinernder Hohlspiegel, der die hereinfallenden Gegenstände in etwas verzerrter Schärfe wiedergibt. Das kleine an ein Badezimmer grenzende Cabinet ist fast leer. Auf einem Schranke steht die kleine Statue eines Kriegers. Wenn der Fürst bei den politischen Akten, die er auf dem grünen Tisch unterschreibt, den Wahlspruch dieser Statue im Auge behält, dann könnt' es für diesen Raum keinen passenderen Schutzheiligen geben. Es ist Blücher, der Marschall Vorwärts!

Und der stets gehetzte Richard Wagner hoffte 1862, auf dem Schloss ein Arbeitsexil finden zu können:
Ein anderes Mal erfuhr ich, daß *Metternichs* auf ihrem Schlosse *Johannisberg* angekommen seien. Immer noch von meiner Hauptsorge für ein ruhiges Domizil zur Beendigung meiner 'Meistersinger' befangen, faßte ich sogleich das für gewöhnlich leerstehende Schloß in das Auge und meldete mich beim Fürsten zu einem Besuche an, zu welchem auch alsbald eine Einladung für mich erfolgte.

Bülows begleiteten mich bis zur Eisenbahnstation. Ich durfte mit der Freundlichkeit meiner Aufnahme von seiten meiner Gönner zufrieden sein. Auch sie hatten die Frage meines temporären Unterkommens auf Schloß Johannisberg bereits erwogen und gefunden, daß sie mir eine kleine Wohnung bei dem Schloßverwalter recht füglich überlassen könnten, nun aber auf die Schwierigkeit meiner Beköstigung mich aufmerksam machen müßten. Mehr als diese Frage hatte den Fürsten aber die andere, der Möglichkeit, mir in Wien eine dauernde Stellung zu gründen, beschäftigt. Er wolle, so sagte er, bei seinem nächsten Aufenthalte in Wien dort mit dem Minister *Schmerling*, welchen er für diese Angelegenheit am geeignetsten hielt, eine Abrede in meinem Bezug treffen: dieser würde mich verstehen, vielleicht auch meine richtige Stellung in einem höheren Sinne auffinden und den Kaiser für mich zu interessieren vermögen. Wenn ich wieder nach Wien käme, sollte ich *Schmerling* einfach nur aufsuchen und hierbei meine Einführung bei ihm durch den Fürsten voraussetzen. Einer Einladung an den herzoglichen Hof zufolge hatten *Metternichs* alsbald sich nach Wiesbaden zu begeben, bis wohin ich sie begleitete, um dort wieder mit *Bülows* zusammenzukommen.

Ein für alle Mal schließlich klärt der hessische Kuriositätensammler Georg Ludwig Wohlgemuth (Chatten und Hessen in bewegten Zeiten, Stuttgart 1989) darüber auf, wie die Spätlese auf Schloss Johannisberg zustande kam:
Es ist jetzt schon eine Weile her, da gab es zwar schon edlen Wein, aber noch keine Spätlese, denn die hatte noch niemand erfunden.

Erst im Jahre des Herrn 1775 durften sich feine Zungen und ihre nicht minder feinen Besitzer auf die erste Spätlese freuen, nur Freude war damals keinem der Beteiligten auf Schloß Johannisberg anzumerken. Ganz im Gegenteil.

Die Gesichter waren länger als die Wurzeln der ältesten Rebstöcke – und das kam so:

Schloß Johannisberg im Rheingau mit seinen berühmten Traubenhügeln gehörte im 18. Jahrhundert noch den Fuldaer Fürstäbten, die sich nicht nur für das seelische, sondern auch für das leibliche Wohl ihrer Schäfchen verantwortlich fühlten und schon deshalb einen schwunghaften Weinhandel unterhielten. Die Perle dieses florierenden Gewerbes war der Johannisberger, auf den die Mönche besondere Sorgfalt verwendeten. Der Fürstabt höchstpersönlich überwachte die Weinlese, die erst dann beginnen durfte, wenn Ihre Durchlaucht die Erlaubnis durch einen reitenden Boten geschickt hatte.

Nun wollte es der Zufall in diesem Herbst 1775, daß der reitende Bote entweder nicht von der schnellsten Sorte war oder sich von den zahlreichen Gasthäusern zwischen Fulda und dem Rheingau ablenken ließ, vielleicht hatte die Kinzig auch Hochwasser, und er mußte über den Vogelsberg reiten, in jedem Fall, als die Mönche zur Lese schreiten wollten, war der Gesandte des Fürstabts noch nicht eingetroffen. Die Mönche rannten aufgeregt durchs Schloß, aber niemand wußte Rat. Man konnte ja nicht einfach in Fulda anrufen, das Telefon wurde erst hundert Jahre später erfunden, also blieb nur das nervenaufreibende Warten.

Als der Bote endlich erschöpft das Schloß und die niedergeschlagenen Mönche erreichte, keimte nur noch wenig Hoffnung im Weinberg des Herrn. Saft- und kraftlos hingen die Beeren an ihren Stöcken und boten den Schimmelpilzen reiche Nahrung. Die angehenden Rosinen schienen sich nur noch für Königskuchen zu eignen. Aber ein ganz mutiger der frommen Winzer brachte dann doch einige der Hutzelbeeren zur Kelter, und ein für damalige Verhältnisse fast unerklärliches Wunder geschah. Aus den Beeren kam Saft, und aus dem Saft wurde Wein – die späte Lese oder Spätlese, die den Johannisberger so berühmt machte, daß der Dichter Heinrich Heine später schreiben sollte:

„Mon Dieu, wenn ich doch so viel Glauben in mir hätte, daß ich Berge versetzen könnte, der Johannisberg wäre just derjenige Berg, den ich mir überall nachkommen ließe."

Kiedrich

Lassen wir Adelheid von Stolterfoth zu Wort kommen:
Eine halbe Stunde von Eltville entfernt liegt malerisch am Fuß des Gebirges in einem frischgrünen Wiesental Kiedrich. In Urkunden wird es Ketercho, Chetrecho genannt und manche geben ihm römischen Ursprung; indessen ist mit Sicherheit bekannt, dass es schon im zehnten Jahrhundert ein kleiner Waldflecken war, in welchem einige Klöster Höfe besassen. Auch die alten Rheingrafen hatten ansehnliches Besitztum in Kiedrich. Der *Gräfenberg* stand ihnen zu. Er kam später an die *Grafen von Nassau* und wurde den Herrn von Heppenheft von diesen zu Lehen gegeben. 1258 traten ihn dieselben an das Kloster Eberbach ab. Jetzt ist dieser *Gräfenberg* – einer der berühmtesten Weinbergsdistrikte des Rheingaus – im Besitz der Freiherrn von Ritter, und jener Anteil, welcher den Herrn Gebrüdern Mappes zustand, ist vor kurzem von herzoglicher Domäne angekauft worden. Die Kirche zu Kiedrich und die im Stil des dreizehnten Jahrhunderts erbaute St. *Michaelskapelle,* von welcher eine Ansicht beigegeben wurde, sind schöne Denkmale altdeutscher Baukunst, und eine wahre Zierde des Rheingaus. Möchte die letztere nicht das Geschick der eben so alten und in demselben Stil erbauten Margarethenkapelle teilen, welche ihr einst gegenüber lag. Diese ward 1816 wegen Baufälligkeit auf Abbruch versteigert und aus ihren Steinen ein nahe liegendes Wirtshaus erbaut.
Wie leicht könnte durch kleine Beiträge von Reisenden und Kunstfreunden diese Kapelle erhalten werden! Eine unbedeutende Summe würde dazu hinreichend sein, denn alles Mauerwerk ist gut, und nur der Dachstuhl und die ausgebrochnen Fenster müssten neu gemacht, so wie das Innere von der entstellenden Bretterbühne gereinigt werden. Auf dem Kirchhofe, wenig Schritte von der St. Michaelskapelle entfernt, ist eine Kreuzigung, vom fünfzehnten Jahrhundert, in Stein gehauen.
In der nahen Pfarrkirche befinden sich mehrere alte Grabsteine, Schnitzwerke und auch noch wenige Glasmalereien von grosser Lebendigkeit der Farben. Einen sehr grossen Genuss wird sich der

Reisende verschaffen können, wenn er die nahe gelegene Burg *Scharfenstein* besteigt. Der Weg dahin führt erst durch's Tal, dann hinan durch freundliche Anlagen, die ihrem Gründer zu Ehren, dem verstorbenen Domherrn Freiherrn von Ritter, *Rittersruhe* genannt werden. Ein hoher weit gesehener Turm und wenige Mauern sind die Überreste dieser einst mächtigen und grossen Burg, welche im dreizehnten Jahrhundert von den Erzbischöfen von Mainz erbaut, eine ihrer vier festen Landesburgen des Rheingaus war. Mehrere Erzbischöfe residierten abwechselnd daselbst und König Wilhelm von Holland stellte eine Urkunde von hier aus. Da einer ihrer Besitzer, der Erzbischof Peter von Mainz, die Partei Friedrichs von Östreich wider König Ludwig den Baiern ergriffen hatte, so belagerte sie der tapfere Wittelsbacher, musste jedoch die Belagerung wieder aufgeben, weil er die Burg nicht gewinnen konnte. Späterhin wurden die Burgmänner von Scharfenstein, die Eselwecke, Cratzen etc. damit belehnt und fügten ihrem Namen den der Burg hinzu. Diese Scharfensteiner waren jedoch wilde fehdelustige Ritter, echte Söhne jener eisernen Feudalzeiten, und beunruhigten die Gegend umher auf jede damals übliche Weise. Erzbischof Peter baute darum in ihrer Nähe die Burg *Nuwenhauss,* und legte im Tal eine Karthause an, um die bösen Gesellen mit weltlichen und geistlichen Waffen zu bekämpfen. Diese aber kehrten sich an Nichts und hausten mit andern Rittern der Nachbarschaft gleich dem wilden gespenstigen Jäger Stackelberg im Tal und auf den Bergen umher, so, dass die geängstigten Mönche ihr Klösterlein verliessen und den St. Michaelsberg bei Mainz bezogen. Von den spätern Schicksalen der Burg Scharfenstein ist wenig mehr bekannt. Im siebzehnten Jahrhundert ward sie gleich den andern rheinischen Burgen teils von Schweden, teils von Franzosen zerstört. Um auf die Höhe des Turmes zu gelangen, muss man eine halsbrechende Treppe hinan steigen. Die Aussicht, welche man oben geniesst, ist indessen wohl einiger Gefahr und Anstrengung wert. Keine andre im Rheingau hat vielleicht einen so malerischen Vordergrund als diese. Ein grünes stilles Waldtal mit einigen Mühlen und dem uralten Kiedrich mit seinen gotischen Kirchen, breitet sich zu den Füssen des Wandrers aus. In der Ferne sind der Rhein und mehrere Orte des obern und untern Rheingaus, am schönsten aber *Eltville* mit seinen Landhäusern und Türmen, sichtbar.

Die Wallfahrt zum heiligen Valentin, dem Hauptpatron der katholischen Pfarrkirche, ist ein wichtiger Bestandteil des Kiedricher Kulturlebens. Dem Heiligen der Fallsüchtigen (Epilepsie) wird hier gehuldigt. In einem Lied heißt es:

Zu Kiederich wirst du verehrt,
Sankt Valentin,
Wo jeder deines Trosts begehrt.
All' Seuch' und Plagen
Wollst von uns jagen,
Sankt Valentin.

Das Wallfahrtsfest wird noch heute feierlich mit dem Valentinuslied beschlossen. Darin heißt es:

In so vielen hundert Jahren
Hat man deine Hilf erfahren;
Auch zeigst du an diesem Ort
Deine Liebeswerk' noch fort.
Solang noch die Welt wird stehen,
Soll dein Lob nicht untergehen.
Großer Schützer, fahre fort,
Zu beglücken diesen Ort!

Alfons Paquet veröffentlichte 1923 im Societäts-Verlag eine kleine Schrift: 'Der Rhein, eine Reise'. Dort schreibt er auch über Kiedrich:
Von Eltville steigt ein Hügelweg nach Kiedrich hinauf, das zu den echtesten Dörfern des Rheingaues gehört. Es liegt mitten zwischen Äckern und Reben, und seine Pfarrkirche, dem heiligen Valentin geweiht, ist eine der schönsten kleineren Kirchen der Gotik. Kenner des Rheingaues nennen dieses tausendjährige Kiedrich eine

165

Perle. Die Kirchentür mit ihrem reichen bildhauerischen Schmuck, die glühenden Glasfenster, die prächtige Empore mit ihren sich wälzenden steinernen Rädern begeistern die Besucher. Alte Bilder zeigen diese Bauernkirche von halbversunkenen Steinkreuzen umgeben und ihren Hof angefüllt mit der ganzen Buntheit einer rheinischen Wallfahrt. Auch die Michaelskirche, die seltsame zweistöckige Totenkapelle in ihrer Nähe, gehört dazu. Auf der Außenkanzel steht der Predigermönch. Aber der größte Schatz der Kiedricher Kirche ist die Madonna mit der Kaiserkrone. Der rechte Arm der holdseligen Frau hält fast bescheiden das Zepter. Das Kind, ein wenig seitwärts auf dem linken Arm gehalten, spielt mit einem Täubchen, und alles strahlt von Gold und Perlen. Bis heute noch hat die Bauerngemeinde von Kiedrich an der althergebrachten gotisch-germanischen Art des Chorsingens festgehalten, die sich vom schweren, eintönigeren, gemessenen romanischen Tonsatz durch seine kühnere, aber auch unruhigere, himmelanstrebende Art unterscheidet. Nicht von der Empore herab kommt der Gesang. Die Sänger und Sängerknaben in geistlicher Gewandung umstehen den Dirigenten und richten gemeinsam das Auge auf das schwere Choralbuch, dessen pergamentene Seiten von kleinen Händen umgeschlagen werden. Eine sichere Schulung liegt in dieser Art des musikalischen Gottesdienstes, im Wort des Priesters und der Knaben, die im hallenden Raum den frischen jubelnden Gesang verströmen.

Oestrich

Eine der ersten literarischen Rhein-Reisen stammt von dem Prediger und Gymnasiallehrer Josef Gregor Lang (1755–1834). Ihr Titel: 'Reise auf dem Rhein'. Der erste Band erschien im Jahr der Französischen Revolution in Koblenz, der zweite kam dort 1790 heraus. Dass es sich dabei um ein außergewöhnliches Buch handelt, merkt man schon daran, dass etliche Nachfolgende daraus munter abgeschrieben haben. Das wollen wir hier auch tun, allerdings geben wir freimütig zu, wo wir den kurzen Abschnitt über Oestrich gefunden

Oestrich im Rheingau

haben: in der schönen, von Johann Jakob Hässlin herausgegebenen
'Rheinfahrt von Mainz zum Niederrhein'.
... Ich durchkreuzte manchen Fußpfad der fleißig und nützlich
bearbeiteten Weinhügel und kam bei der Dämmerung in Oestrich,
etwas durch die Beschwerlichkeit der Wege ermattet, aber doch
zufrieden und munter an. Ohne auf den Rat meines Fuhrmanns
Rücksicht zu nehmen, der mir vorher ein anderes Gasthaus empfohlen hatte, kehrte ich in das zu Ende des Orts gelegene Gasthaus
zum Schwanen ein und speiste mit einer munteren Gesellschaft von
ober- und niederländischen Weinhändlern an einer ganz artig zu-
bereiteten Tafel zu Nacht.
Der bescheidene Wirt, der seinen Kopf auf dem rechten Flecke
trug, und ein sehr beliebter Mann war, schlug sein bestes Fäßchen
auf und ließ uns, wie ich vermutete aus Absicht, die Kräfte des
rheinischen Nektars, der gar bald unsere Zungen begeisterte, empfinden; dann stimmte er ein paar Verse aus dem bekannten Rhein-
weinliede des 'Wandsbecker Boten' in vollem Tone an, worauf der
ganze Chor fröhlich folgte:

Am Rhein, am Rhein, da wachsen unsre Reben;
Gesegnet sei der Rhein!
Da wachsen sie am Ufer hin und geben
Uns diesen Labewein …

So trinkt ihn denn und laßt uns alle Wege
Uns freun und fröhlich sein!
Und wüßten wir, wo jemand traurig läge,
Wir gäben ihm den Wein.

„Ein Gläsgen der Freundschaft" sagte der fröhliche und gutmütige Wirt. Es wurde angestoßen, die Gläser klingten, und es wurde dem wohlschmeckenden goldfarbigen Safte zuliebe wie dem dickwanstigen Vater Lyäus zu Ehren ein Gläsgen nach dem anderen geleeret.

Mainz und Wiesbaden

Als es in europäischen Adelskreisen noch üblich war, auf Bildungsreisen zu gehen, wenigstens bei jenen Blaublütigen, die sich den Idealen einer gemäßigten Aufklärung verschrieben hatten, da machte sich ein junger, adliger Philanthrop von Moskau aus auf den Weg: Nikolai Michailowitsch Karamsin (1766–1826). Seine Erlebnisse veröffentlichte er dann in den 'Briefen eines russischen Reisenden'. Berühmt wurde er später mit seiner kritisch-anklagenden Novelle 'Die arme Lisa' und vor allem mit der 'Geschichte des Russischen Staates'.

Seine große Reise führte ihn 1789 auch nach Mainz. Dort berichtet er unter dem Datum des 2. August:

Hier bin ich heute um sechs Uhr abends mit der Diligence angekommen, auf welcher ich auch bis Straßburg zu fahren gedenke.

Was für ein guter Weg von Frankfurt bis Mainz! Was für reizende Ansichten! Was für herrliche Gegenden! Als wir uns Mainz näherten, erblickte ich auf der linken Seite den majestätischen Rhein und den stillen Main, die fast nebeneinander fließen, und rechter

Die neue katholische Kirche in Wiesbaden

Hand dehnt sich eine Kette Weinberge aus, die das Auge nicht zu umfassen vermag. Wie freudig schlug mir das Herz, liebe Freunde! Rhein, Rhein! Endlich erblick ich dich, mußte ich denken, endlich kann ich dich preisen in deinem stolzen Laufe, du König der deutschen Flüsse!

Mainz liegt auf dem westlichen Ufer des Rheins, wo sich der Main in ihn ergießt. Die Straßen sind eng; schöne Häuser findet man nur wenig, aber Kirchen, Klöster und Mönche in Menge. „Ist's Ihnen nicht gefällig, die Eingeweide des heiligen Bonifatius zu sehen, die in der Johanniskirche aufbewahrt werden?" fragte mich der Lohnlakai mit wichtiger Miene. „Nein, mein Freund", antwortete ich, „der heilige Bonifatius kann ein guter Mann und ein eifriger Heidenbekehrer gewesen sein; aber seine Eingeweide haben auch nicht den geringsten Reiz für mich. Führe mich lieber aus der Stadt ins Freie." – Wir gingen. Ich setzte mich ans Ufer des Rheins und beschaute in seinen Wellen das Bild der untergehenden Sonne und seiner grünen Ufer.

Des Abends speiste ich an der allgemeinen Wirtstafel mit Reisenden aus verschiedenen Landen. Alle tranken Rheinwein wie Wasser. Ich sagte dem Wirte, er solle mir eine Flasche Hochheimer bringen, und zwar von dem ältesten, den er im Keller habe. Ihr müßt wissen, daß man den Hochheimer für den besten Rheinwein hält. „Sie werden mir danken für diesen Nektar", sagte der dienstfertige Wirt, indem er die Flasche vor mich hinstellte, „ich habe ihn von meinem Vater geerbt, der schon seit dreißig Jahren tot ist." – In der Tat war es ein vortrefflicher Wein, gleich angenehm für Geschmack und Geruch. Ich freute mich wie ein Kind darüber, daß ich jetzt Rheinwein an den Ufern des Rheins selbst tränke! Ich goß ein, ergötzte mich an den Perlen und der Klarheit des Weins, traktierte die neben mir Sitzenden – und war froh wie ein König. Bald war die Bouteille geleert, und der Wirt versicherte mich, daß er noch herrlichen Kostheimer habe, der gleichfalls von seinem Vater herstamme, der schon seit dreißig Jahren tot sei. – „Ich glaube es", erwiderte ich, „ich glaube es, daß er dem Andenken des seligen Herrn Ehre macht; aber für jetzt ist es genug!" Dann stand ich auf und ging in mein Zimmer.

Zehn Jahre später macht Ernst Moritz Arndt einen Rundgang durch die Stadt:

Durch ihre Lage in einem Paradies der Natur, nahe am Zusammenflusse von zwei Strömen, wird Mainz immer einer der schönsten Plätze bleiben. Diese natürliche Anmut wird noch durch manche politische unterstützt, und als Stapelstadt, als Residenz des ersten Churfürsten, als Straße ins überrheinische Land hinein, als Universität, als der Sitz vieler reicher Fürsten und Reichsbaronen, die hier einen Teil des Jahres zu verleben pflegen, hatte sie so manche Vorteile, die den meisten ihrer Schwestern mangelten. Dies gab Reichtum und Gewerbe, und diese wieder Lebendigkeit und Glanz und Pracht. So ward diese Stadt, eine der ersten und ältesten im alten Germanien, zugleich eine der elegantesten und glänzendsten.

Die südöstliche Seite, oder die von der Citadelle bis zur Rheinbrücke hinab, mit allem, was bei ihrem Durchschnitte rechter Hand gegen Nordosten liegen bleibt, ist die älteste und engste und häßlichste. Man geht von der Gegend der Citadelle immer sanft gegen den Strom hinab durch schiefe und krumme Gassen, deren einige doch recht hübsche Häuser haben. Indessen ist in diesem Theil der Stadt unten am Rhein bei weitem die meiste Lebendigkeit und Geschäftigkeit. Weit schöner, neuer und regelmäßiger ist der andre südwestliche Teil der Stadt, der die schönsten Gassen und die stattlichsten Häuser und Paläste hat, und mit manchen hübschen Plätzen geschmückt ist. Hier findet man an der westlichen Außenseite die drei Bleichen, drei schöne parallel neben einander hinlaufende Gassen, alle mit lustigen neuen Häusern und mit breiten Steinen gepflastert, da der bergige Teil der Stadt spitzsteinig belegt ist. Linker Hand von diesen Bleichen liegt der schöne Tiermarkt, der jetzt der grüne Platz (place verde) heißt, mit Bäumen eingefaßt und mit netten Häusern und einigen Palästen umgeben, die nun leer stehen. Vorzüglich schön aber ist der große Schloßplatz, von welchem die Bleichen auslaufen, obgleich kein regelmäßiger. Hier liegt die alte ehrwürdige Residenz der Fürsten, die Martinsburg, hart am Rheinstrom, und von ihr sowohl als vom Platze selbst hat man eine herrliche Aussicht über ihn und seine Inseln und Rebenufer. Ein Teil des alten Schlosses ist jetzt in eine Kaserne verwandelt, und ein ähnliches Schicksal haben andre Paläste der Magnaten, die entweder Wohnungen oder Lazarette der Soldaten sind. Viele dieser stattlichen Gebäude, zum Beispiel das Dalbergische Haus, haben auch durch Bomben der Belagerung sehr gelitten, andre sind ganz zerstört, als die Domprobstei, von welcher die Mainzer behaupten, daß es das schönste Gebäude am ganzen Rhein gewesen sei, und welches jetzt in Trümmern liegt, und nur noch einzelne Mauern als traurige Spuren der Verwüstung zeigt.

Victor Hugo (1802–1885) war nicht nur ein äußerst fleißiger Schriftsteller, er reiste auch gern. Zweimal, 1839 und 1840, besuchte er den Rhein. 1845 erschien die vierbändige Ausgabe seines Rheinbuches. Im Abschnitt über den Mainzer Dom kann er seine romantische Herkunft nicht verleugnen. Über Heinrich Frauenlob schreibt er:

Tritt man aus dem Kapitelsaal, so gelangt man in einen Kreuzgang aus dem vierzehnten Jahrhundert, der zu allen Zeiten ein sehr ernster Ort war und jetzt ein gar trauriger ist. Das Bombardement von 1794 steht hier noch überall angeschrieben. Hohe feuchte Gräser, unter denen Gestein schimmert mit den silbergrauen Spuren vom Geifer der Kriechtiere; Spitzbogen-Arkaden mit zertrümmertem Fensterwerk; Grabsteine, wie Glasscheiben von Haubitzen zerschmettert; steinerne Ritter in voller Rüstung, das Gesicht von Granatsplittern zerschlagen und mit dieser Wunde statt des Antlitzes prangend; die Lumpen einer alten Frau trocknen hier am Seil; Bretterverschalungen, die hie und da die Granitmauer flicken; düstere Einsamkeit, tiefe Schwermut, nur zuweilen vom Gekrächze der Raben unterbrochen – so sieht heute der erzbischöfliche Kreuzgang zu Mainz aus. An einem Strebebogen war ein Stein, von Kugeln getroffen, durch die Gewalt des Schlages in seine Höhlung hineingetrieben worden, ohne herabzufallen; jetzt noch sieht er aus wie eine Klaviertaste, auf der ein unsichtbarer Finger ruht. Zwei oder drei traurige erschreckende Statuen, in ihrer Ecke Wind und Wetter preisgegeben, blicken stumm auf diese ganze Trostlosigkeit.

Als ich die Galerie verlassen wollte, fiel mir im Dunkeln ein halb aus der Wand vortretender steinerner Kopf auf, der wie die Könige des elften Jahrhunderts eine Krone mit drei Eppichblüten trug. Ich trat näher. Es war ein zugleich mildes und strenges Antlitz, von der hohen Schönheit geprägt, die der Umgang mit großen Gedanken dem Menschenantlitz verleiht. Darunter hatte jemand mit Kohle den Namen Frauenlob gekritzelt. Dies also war jener Tasso von Mainz, der zu seinen Lebzeiten so viel verleumdet, nach seinem Tode so hoch verehrt worden war. Als Heinrich Frauenlob, ich glaube 1318, starb, wollten die Mainzer Frauen, die ihn verspottet und beleidigt hatten, seinen Sarg tragen. Die Frauen und der mit Blumen und Kronen bedeckte Sarg sind in den Stein etwas unterhalb des Kopfes eingehauen. Immer wieder betrachtete ich dieses edle Haupt. Der Bildhauer hat ihn mit offenen Augen dargestellt. In dieser mit Grabmälern angefüllten Kirche, unter all diesen hingestreckten Fürsten und Bischöfen, in diesem schlummernden toten Kreuzgang, steht nur noch der Dichter aufrecht da und wachend.

Hugo nennt den Marktplatz ein 'unterhaltsames Ganzes'. So ist es bis heute geblieben:

Der Marktplatz, der den Dom auf zwei Seiten umgibt, ist ein überschäumendes, blumenreiches, unterhaltsames Ganzes. Inmitten erhebt sich ein hübscher dreiseitiger Brunnen aus der deutschen Renaissance; ein hinreißendes kleines Gedicht, das mit seinem Aufbau von Wappenschildern, Bischofsmützen, Flußgöttern, Najaden, Krummstäben, Füllhörnern, Engeln, Delphinen und Sirenen ein Piedestal der Jungfrau Maria bietet. Auf der einen Seite liest man den Pentameter: 'Albertus princeps, civibus suis'. Das erinnert, wenn es auch weniger gutmütig klingt, an die Widmung, die der letzte Kurfürst von Trier auf den von ihm errichteten Brunnen in der Nähe seines Palastes in der Neustadt von Koblenz setzen ließ: 'Clemens Vinceslaus, elector, vicinis suis'. „Seinen Mitbürgern" klingt konstitutionell, „seinen Nachbarn" allerliebst.

Der Mainzer Brunnen wurde von Albrecht von Brandenburg erbaut, der gegen 1540 regierte und dessen Grabinschrift ich gerade im Dom gelesen hatte: Albrecht, Kardinal-Priester von San Pietro in Vincoli, Erzkanzler des Heiligen Römischen Reiches, Markgraf von Brandenburg, Herzog von Stettin und von Pommern, Kurfürst. Er hat diesen Brunnen zum Gedächtnis der glücklichen Erfolge Karls V. und der Gefangennahme Franz I. errichtet oder vielmehr wieder neu aufgebaut, wie das die Inschrift in goldenen Lettern besagt.

Heinrich von Kleist erinnert sich im Juli 1801 in Paris an seinen Aufenthalt in Biebrich während des Krieges 1793. In dem Brief aus Paris wählt er die schöne Formulierung vom Rheingau als 'Lustgarten der Natur'. Nachzulesen in unserem Kapitel vom 'Irdischen Paradies'. Natürlich darf, wenn von Wiesbaden die Rede ist, die Spielbank nicht übergangen werden.

Richard Wagner, dem man es ohne weiteres zugetraut hätte, einen Goldschatz ('Rheingold!') aufs Spiel zu setzen, hatte 1862 ein recht bescheidenes Erlebnis mit der Spielbank:

Noch ist mir ein kleines Abenteuer, welches wir gemeinschaftlich an der Wiesbadener Spielbank erlebten, in Erinnerung geblieben. Mir war dieser Tage für eine Oper ein Theaterhonorar von 20 Louisdor zugekommen; nicht recht wissend, was ich gerade mit dieser kleinen Summe anfangen sollte, da andrerseits meine Lage im großen sich immer mißlicher gestaltete, reizte es mich, *Cosima* zu bitten, die Hälfte der Summe am Roulette für unser gemeinschaftliches Glück zu versuchen. Ich sah mit Erstaunen zu, wie sie ohne jede Kenntnis selbst nur der gemeinsten Äußerlichkeit des Spieles auf das Geratewohl ein Goldstück nach dem anderen auf den Spieltisch warf, ohne weder eine Nummer noch eine Farbe bestimmt damit zu bedecken, so daß es regelmäßig hinter dem Rechen des Croupiers verschwand. Mir ward bang; und schnell verschwand ich, um an einem benachbarten Spieltische *Cosimas* Un- und Mißgeschick zu korrigieren. In diesem sehr ökonomischen Bestreben war mir das Glück so schnell behilflich, daß ich die von der Freundin dort verlorenen zehn Louisdor hier sofort gewann, was uns alsbald zu großer Heiterkeit stimmte. – Weniger anmutig ging es bei einem gemeinschaftlichen Besuche einer Aufführung des 'Lohengrin' in Wiesbaden ab. Nachdem uns der erste Akt so ziemlich befriedigt und in gute Stimmung versetzt hatte, geriet die Darstellung während des weiteren Verlaufes in ein Geleise von so empörender Entstellung, wie ich sie nicht für möglich gehalten hatte; wütend verließ ich noch vor dem Schlusse das Theater, während *Hans* auf *Cosimas* Ermahnung zur Berücksichtigung des Anstandes, beide jedoch nicht minder empört als ich, das Martyrium der Anhörung des Schlusses bestand.

Der berühmte Kunsthändler Ambroise Vollard (1856–1939) ist im
Jahre 1919 begeistert von Wiesbaden:

... Ich fand eine peinlich saubere Stadt und eine freundliche Bevölkerung; viele Einzelheiten erinnerten mich an das alte Frankreich. Es wollte mir scheinen, als finde ich dort meine Kindheits-
erinnerungen wieder. Tapeten im Stil Louis-Philippes mit runden
Sträußchen in kleinen Farnkränzchen; in den Konditoreien Prali-
nenschachteln mit Bildern von Watteau, wie man sie kaum noch in
den alten Pariser Geschäften findet. In einem Park sah ich einen
weißbärtigen alten Herrn, der eine Dame im altmodisch gerafften
Kleid am Arm führte; zwei Kinder liefen artig vor ihnen her, ein
kleines Mädchen mit seiner Puppe und ein Knabe mit einem Reifen.
Wie schön war Wiesbaden bei religiösen Festlichkeiten! Welch
herrliche Prozessionen mit ihren Bannern unter früchtebeladenen
Kirschbäumen! Und die Ehrlichkeit der Rheinländer! Ich bot einem jungen Mann, der unter einem Kirschbaum an der Straße
stand, einen Fünffrankenschein und fragte ihn, ob wir uns Kirschen
pflücken dürften. Er lehnte mein Geld ab. „Der Kirschbaum gehört
nicht mir", sagte er.

Rüdesheim

Einmal muss auch ein richtiger Epigone der Rheinromantik zu
Wort kommen: Emanuel Geibel (1815–1884) reimt: 'Wasser hin-
ein . . . Rhein':

Am Rhein, am grünen Rhein, da ist so mild die Nacht,
    die Rebenhügel liegen in goldner Mondespracht.
Und an den Hügeln wandelt ein hoher Schatten her
mit Schwert und Purpurmantel, die Krone von Golde schwer.

Das ist der Karl, der Kaiser, der mit gewalt'ger Hand
vor vielen hundert Jahren geherrscht im deutschen Land.
Er ist heraufgestiegen zu Aachen aus der Gruft
und segnet seine Reben und atmet Traubenduft.

Bei Rüdesheim, da funkelt der Mond ins Wasser hinein
und baut eine goldene Brücke wohl über den grünen Rhein.

Der Kaiser geht hinüber und schreitet langsam fort
und segnet längs dem Strome die Trauben an jedem Ort;
dann kehrt er heim nach Aachen und schläft in seiner Gruft,
bis ihn im neuen Jahre erweckt der Trauben Duft.

*Clemens Brentano und Achim von Arnim kommen in dem Kapitel
zur Rheinromantik ausführlich zu Wort. Wilhelm Müller (1794–
1827), der durch seine 'Müllerlieder' und die 'Winterreise' bis heute
unvergessen ist, schreibt am 8. August in seinem letzten Lebensjahr
einen Brief aus Rüdesheim:*

Ein schöner heller Tag. Den Morgen war der Rhein bewegt.
Adelheid schwärmte die Nacht hindurch von Wein und Natur, von
1825er und 1827er und guckte aus ihrem Bett in den Rhein. Die
Anhöhen gegen Mainz zu, bis an Ingelheim sich hinziehend, lagen
im Morgenduft, aber sehr klar breiteten sich rechts und vor uns aus,
Bingen mit der Ruine Klopp und dem allmählig emporsteigenden
buntgewürfelten Scharlachberg bis an die einsame weiße Rochuskapelle mit dem kleinen freundlichen Kempten links am Fuße des
Berges.

Gang am Ufer, bis Bingen uns gerade gegenüber lag und sich mit
seinen Schieferdächern und Türmen immer klarer vor uns ausbrei-
tete. Brömserburg am Rhein mit den Anlagen der Grafen Ingelheim: ein Fouqué'sches Frauentaschenbuch in einem Folianten von
altem gepreßtem Pergament eingebunden. Schön die verschiedenen
Aussichten durch die Öffnungen und Fenster: hier die Weinberge
hinter Rüdesheim, die verschiedenen Lagen: Hinterhäuser, Roth-
länder, der Berg zieht sich nach Assmannshausen bis zur Ruine
Ehrenfels hin, dann Aussichten nach Bingen mit dem Mäuseturm,
nach der Rochuskapelle, nach Rüdesheim. Ähnliche Ausschnitte
und Bilder gewähren die Fenster des Adlers, im Turm, im Gesell-
schaftssaal. Im Turm sieht man in den kleinen Fenstervorsprüngen
drei solcher Bilder zusammengestellt. Der Wochenmarkt von Bingen belebte den Rhein, gegen Mittag kamen auch ein Paar Flöße,

Holzinseln ähnlich. Das schönste in der Ruine ist eine Halle mit Aussicht nach der Rochuskapelle, alt eingerichtet.

Und auch Reichskanzler Bismarck war im Rheingau. Während seiner Zeit als Bundestagsgesandter in Frankfurt (1851–1859) besuchte er mehrmals die geschätzte Region. An seine Frau schrieb er 1851:
Ich nahm mir einen Kahn, fuhr auf den Rhein hinaus und schwamm im Mondschein, nur Nase und Augen über dem lauen Wasser, bis nach dem Mäuseturm bei Bingen, wo der böse Bischof umkam. Es ist etwas seltsam Träumerisches, so in stiller warmer Nacht zu liegen, vom Strom langsam getrieben, nur den Himmel mit Mond und Sternen und seitwärts die waldigen Berggipfel und Burgzinnen im Mondlicht zu sehen, und nichts als das leise Plätschern der eigenen Bewegung zu hören; ich möchte alle Abende so schwimmen. Dann trank ich sehr netten Wein und saß lange rauchend auf dem Balkon, den Rhein unter mir. Ich verspreche mir rechten Genuß davon, mit Dir ein paar Tage in Rüdesheim zu sein, der Ort ist so still und ländlich, gute Leute und wohlfeil, und dann nehmen wir uns ein kleines Ruderboot und fahren gemächlich hinab, besteigen den Niederwald und diese und jene Burg und kehren mit dem Dampfschiff zurück.

Und schließlich aus Rüdesheim noch ein lieber Brief des impressionistischen Dichters Richard Dehmel an Frau Isi:
So: jetzt schlafen die Andern. Ich sitze wieder in Rüdesheim und warte den Regen ab, bei 93er 'Engerweg' von Maßmann, und gucke mir die Augen aus nach Dir, denn gerade legt ein Dampfboot an, von Mainz her. Du bist aber auch diesmal nicht drauf, und Paula sieht mich ganz mitleidig an; dann schrieben wir lustige Postkarten, etwa ein Dutzend, sogar an Hartleben eine, und fuhren um 6 Uhr mit dem Lokalboot zurück, bei ganz blauem Himmel und Sonne. Wir wollten noch auf die Rochuskapelle; aber an der Bahnhofsmauer sah ich einen Pfeil „zur Post", da sagte ich den Andern, sie möchten erst ein Viertelstündchen ins Hotel gehn, ich käme sofort nach. Und dann las ich Deinen Brief. Isi – Isi –! – laß mich doch nicht wieder einsam werden! – In einem Nebel

von Sehnsucht, die Augäpfel taten mir weh, so ging ich durch Deine Vaterstadt. Wie ein König, wie ein Narr, wie ein Kind. Ich habe jedes Haus geliebkost, jedes Ladenschild, das Du vielleicht einmal gelesen haben könntest; ich brauchte keinen Menschen nach dem Weg zu fragen, ich fühlte ihn, als ob dein Brief mich trieb; ich hätte garnicht fragen können, ich hätte geweint dabei. In der Capuzinerstraße (seltsam: alle Namen behalt ich heute) ging ich in eine Conditorei – Friedrich Zerwes heißt sie – nur weil mir einfiel, daß du vielleicht als Backfisch da einmal gesessen und genascht hast; der Kirschkuchen war schlechter als Leder, aber wahrhaftig, ich aß ihn bis aufs letzte Krümchen auf, um Friedrich Zerwes nicht zu kränken. Ich hatte solchen Schreck im Herzen, als ich in den Laden trat, noch von der Martinsgasse her; die schließt doch hinten mit einer Treppe ab, und grade als ich an dem Vorderende der Gasse vorbeiging, kam hinten eine junge Dame die Treppe herunter, in ebensolchem Anzug wie Du, ebensolchem Strohhut und englischem Kleid – o Isi, warum warst Du's nicht?! – Und dann sah ich das rote Haus am Markt, und war empört, daß jetzt ein Mensch drin wohnt, der Moses heißt; es war wie eine Blasphemie, dieser ehrwürdige Name, den jetzt ein Krämer führen darf – und die Lettern waren so widerlich neumodisch nüchtern auf dem lieben wunderlichen Großmutterhaus. Aber dann versöhnte mich das bunte Rathaus wieder mit der Gegenwart, denn die edeln Reiter reiten noch immer durch die Welt und schneiden mit dem Schwert ein Stück von ihrem schönen Mantel ab, um manchen Bettlers häßliche Blöße zu decken. Und als ich noch darüber nachsann und über die Wappenzeichen der Handwerksleute, und schon glaubte, ich sei falsch gegangen, weil die Straße gleich zu Ende war, da steh ich schon vor einem offenen Gartentor und muß hineingehn, Isi, wie im Traum.

Die Palmenlyra über Euerm Tor: ist es nicht wie eine Prophezeiung, Isi?! Und an dem Blütenkrönchen über dem Acanthuskelch fehlen wirklich alle Blütenblättchen bis auf zwei, aber die Staubfäden sind noch alle unversehrt. Keiner hat mich gestört in Deinem Garten, kein Mensch, kein Vater, kein Gott. Jeden Baum, den ich schon kannte aus dem Winterbild, habe ich wieder begrüßt

in seinem grünen Leben, und all die andern unbekannten neube-
grüßt, und werde keinen je vergessen. Und bin hinten an den
großen Fässern vorbeigegangen, unter dem Weingärtchen entlang
bis ans Hintertor, und dann wieder zurück. Und dann habe ich in
der Laube gesessen unter Deinem Mädchenzimmer und mir eines
von den großen Herzblättern abgepflückt und durch den wilden
Wein auf die Nahe niedergesehen. Aus dieser Laube, Isi, hättest
Du mir wohl manchmal gewinkt, wenn wir uns hier zuerst getroffen hätten. Aus dieser Laube hast Du wohl manchmal gewinkt,
bevor wir uns getroffen hatten: einem Andern. Was ich heut um
Dich gelitten habe, Isi – nein, nein, verzeih! es war ja doch so
voller Seligkeit! Aber doch: ja, Isi: und wenn Du tausend Väter
hättest und tausend Schwestern und tausend wackre Ehemänner,
und alle würden um Dich leiden, es käme Dem nicht gleich! Als
ich heut Abend von Rüdesheim zurückkam, fiel mir unterhalb der
Rochuskapelle eine große Villa auf, hellgrau mit schwarzen Dächern und im Bahnhofsstil; aus dem Reisehandbuch sah ich, wem
sie gehört. Darauf, Isi, hättest Du mich vorbereiten müssen. Herz-
krampf ist garnichts dagegen, ohne Übertreibung. Oder habe ich
falsch vermutet? – Als ich mich, denn mir zitterten die Knie, auf
den Bord des Dampfers lehnte, kam Detta auf mich losgesprungen
und fragte mich, ob die Mohren auch Sonntags schwarz seien. So
habe ich, weiß Gott, noch nie gelacht. Du brauchst aber selbst auf
Detta nicht mehr eifersüchtig zu sein; auf keinen Menschen mehr.
Und sollst mir nichts mehr schreiben, Isi, was Dir nicht ganz aus
innerstem Herzen kommt. „Deine drei Jüdinnen" – wenn Du so
von Dir redest, bist Du nicht mein Fleisch und Blut! oder willst
Du mich versuchen? Das wäre Sünde zwischen uns! – Ich kann
begreifen, Isi, nachdem ich heut in Deinem Vaterhaus gewesen bin,
was Deine Familie Dir bedeutet; nicht bloß ihret-, auch Deinet-
wegen. Hier hast Du mein heiliges Wort: ich kann Dich trotzdem
noch bitten „halt mir Dein Versprechen, mach Dich frei!" Heute
mehr als je! –

*Der Rheinromantik wollen wir, wenn es um Rüdesheim geht, noch
einmal Tribut zollen. Bettina von Arnim, ohne deren Briefe und*

Aufzeichnungen wir wohl wenig wüssten über Karoline von Gün-
derode, schrieb ihr aus Rüdesheim:

Wir waren am Rhein und sind wieder den andern Tag zurück
spät abends, so ist heut schon Donnerstag, es war schön in Rüdesheim, die Tonie hatte dort über jemand zu sprechen, der als
Geistlicher in unser Haus soll, ich guckte indes auf der Bremserin
aus dem großen schwarzen Gewölb auf die Wiese im Abendschein, es flogen all die Schmetterlinge über mich hinaus, denn da
oben auf der Burg wächst so viel Thymian und Ginster und wilde
Rosen, und alles hat der Wind hinaufgetragen; man meint als, der
fliegende Blumensamen müßt eine Seel haben und hätt sich nicht
weiter wollen treiben lassen vom Wind und wär am liebsten da-
geblieben, alles blüht und grünt, so viel Glockenblumen und
Steinnelken und Balsam, ich dacht, wie ist's doch möglich, daß das
alte Gemäuer so überblüht ist. – Blum an Blum! Unten in der
Ruine wohnt ein Bettelmann mit der Frau und zwei Kindern, sie
haben eine Ziege, die bringen sie hinauf, die grast den duftenden
Teppich mir nichts, dir nichts ab. – Ich war eine ganze Stunde
allein da und hab hinaus auf dem Rhein die Schiffe fahren sehen,
da ist mir's doch recht sehnsüchtig geworden, daß ich wieder zu
Dir will, und wenn's noch so schön ist, es ist doch traurig ohne
Widerhall in der lebendigen Brust, der Mensch ist doch nichts als
Begehren sich zu fühlen, im andern. Du lieber Gott! Eh ich Dich
gesehen hatt, da wußt ich nichts, da hatt ich schon oft gelesen und
gehört, Freund und Freundin, und nicht gedacht, daß das ein ganz
neu Leben wär, was dacht ich doch vorher von Menschen? – Gar
nichts! – Der Hund im Hof, den holt ich mir immer, um in Gesellschaft zu sein; aber nachher, wie ich eine Weile mit Dir gewesen
war und hatte so manches von Dir gehört, da sah ich jed Gesicht
an wie ein Rätsel und hätt auch manches gern erraten, oder ich
hab's erraten; denn ich bin gar scharfsinnig. Der Mensch drückt
wirklich sein Sein aus, wenn man's nur recht zusammennimmt und
nicht zerstreut ist und nichts von der eignen Einbildung dazutut,
aber man ist immer blind, wenn man dem andern gefallen will und
will was vor ihm scheinen, das hab ich an mir gemerkt. Wenn man
jemand lieb hat, da sollt man sich lieber recht fassen, um ihn zu

verstehen und ganz sich selbst vergessen und ihn nur ansehen, ich glaub, man kann den ganz verborgnen Menschen aus seinem äußern Wesen heraus erkennen. Das hab ich so plötzlich erkannt, wie ich Menschen sah, die ich nicht verstand, was sie mir sollten, und nun sind mir die meisten, daß ich sie nicht lang überlegen mag, weil ich nichts merk, was mir gefällt oder mit mir stimmt, aber mit Dir habe ich wie eine Musik empfunden, so daheim war ich gleich; ich war wie ein Kind, das noch ungeboren aus seinem Heimatland entfremdet, in einem fremden Land geboren war und nun auf einmal von weit her übers Meer wieder herübergetragen von einem fremden Vogel, wo alles neu ist, aber viel näher verwandt und heimlicher, und so ist mir's immer seitdem gewesen, wenn ich in Dein Stübchen eintrat: und so war's auch auf den alten Burgtrümmern gestern; so lachend wie die Wiesen waren und die lustigen Mädchen, die sangen, und der Abendschein und die Schiffe und die Schmetterlinge, alles war mir nichts, ich sehnt mich nach Dir, nur nach Deinem Stübchen, ich sehnt mich nach dem Winter, daß doch drauß Schnee sein möcht und recht früh dunkel und drin brennt Feuer; der Sonnenschein und's Blühen und Jauchzen zerreißt mir's Herz. – Ich war recht froh, wie die Tonie mit dem Wagen vorfuhr, wie ich unten hinkam, waren dem Bettelmann seine zwei hübschen Kinder bloß im Hemdchen und kugelten mit Lachen übereinander und hatten sich so umfaßt; ich sagt, wie heißt ihr denn? – Röschen und Bienchen. – Das Röschen ist blond mit roten Wängelchen, und das Bienchen ist braun mit schwarzen stechenden Augen. Das Bienchen und Röschen hatten sich so recht ineinander gewühlt. – Um Mitternacht heimgekehrt – höchst angenehmer Schlaf beim Rauschen von Springbrunnen.

Walluf

Karl Simrock (1802–1876) war in seiner Begeisterung für den Rhein und den Rheingau von der Romantik geprägt. Der Dichter und Altgermanist, dessen Übersetzung des Nibelungenliedes noch immer gut lesbar ist, hat auch ein Buch über das Rheinland geschrie-

ben ('Das malerische und romantische Rheinland', 1. Auflage 1839).
Dort lesen wir über Niederwalluf:

Die Lage von Niederwalluf, „unter einem Rheinbusen, wie auf einer Landzunge", nennt Goethe „schön und gefährlich". Diese Bemerkung fand ich vor Jahren, in der Nacht nach dem Gutenbergsfeste, bestätigt. Ein furchtbar schönes Gewitter, dem ich nur mit Entzücken zuschauen konnte, hatte, wie sich am Morgen ergab, die sonst unbedeutende Waldaff (ihr Name bedeutet Waldwasser, affa steht für aha, der Lippenlaut für den Gaumenlaut) in einen wütenden Waldstrom verwandelt, der Brücken, Mühlen und Dämme wegriß und ganz Niederwalluf in den Rhein zu schwemmen drohte.

Die „Capellenruine, die auf grüner Matte, ihre mit Efeu begrünten Mauern wundersam reinlich, einfach und angenehm erhebt" (Goethe), ist die ehemalige Johanniskirche, eine der ältesten des Landes, da sie schon im 8. Jahrhundert in Urkunden vorkommt. Sie liegt jenseits der Waldaff, nach dem obstreichen Schierstein hin, wie einst auch Walluf, dessen älteste Pfarrkirche sie war. Die Grundmauern stehen noch, es fehlt nichts als das Dach. Beide Seiten zieren zwei gotische Fenster, nach Schierstein hin zeigt sich ein mächtiges Portal, gegen Walluf ein kleines Pförtchen.

Und Adelheid von Stolterfoth schreibt über Niederwalluf:

In den frühsten Zeiten soll es näher um die wenigen mit Efeu bewachsenen Mauern gelegen sein, welche am Rheinufer auf einer kleinen Erhöhung einsam stehen. Es sind die Überreste einer Kirche, deren Erbauung sich in grauer Vorzeit verliert. Sie hat einst St. Johann geheissen und kommt schon in Urkunden vom Jahr 769 und 960 vor. Wahrscheinlich sind dieses also die Reste einer der ältesten, vielleicht der ältesten Kirche des Rheingaus. Die Waldaffabach, welche aus dem schönen Schlangenbader Mühlentale kommend, hier in den Rhein fliesst, mag dem Orte seinen Namen gegeben haben. Bei demselben fing, wie wir oben gesehen haben, die alte Rheingauer Grenze mit ihren Befestigungen an. Der freundliche Flecken ist mit einigen schönen Landhäusern und dem Garten des Herrn Gontard geschmückt. Von hier aus gelangt man in einer

Viertelstunde nach dem seitwärts an der Strasse liegenden, und Herrn Kertel in Mainz gehörenden Steinheimer Hof. Die Ökonomie ist sehenswert, ebenso die auf holländische Art im Grossen betriebene Backsteinbrennerei. Dr. Martin Luther soll auf seinem Zug durch das Rheingau unter einer Linde bei diesem Hof vor dem versammelten Volk gepredigt haben. – Im zehnten Jahrhundert war unfern desselben ein Dörfchen mit eigener Kirche, welches bis auf den Namen des Hofes spurlos von der Erde verschwunden ist.

Tipps und Infos

Assmannshausen

Das Freiligrath-Museum in der 'Krone' hat täglich geöffnet (kein Ruhetag), ist für jedermann zugänglich und kostet keinen Eintritt. Wenn man den Besuch des Museums mit einem Hotel- oder Gaststättenaufenthalt in der historischen 'Krone' verbinden will, sollte man sich rechtzeitig anmelden: Hotel Krone, Rheinufer 10, 65385 Rüdesheim, Tel. 06722/4030.

Eltville

Der Brunnen am Marktplatz von Eltville zeigt nicht nur Wein und Rosen – die Wahrzeichen der Stadt; es ist dort auch ein Buch zu sehen. Das hat mit Hennes Gensfleisch zu tun, der als Johannes Gutenberg Mann des Jahrtausends wurde.

Ob er in Eltville einen Teil seiner Jugend verbrachte und dort zur Schule ging, ist nicht einwandfrei geklärt. Jedenfalls war seine Großmutter mütterlicherseits Eltvillerin. Sie wohnte im 'Gensfleischhaus' in der heutigen Burghofstraße. Die innige Verbindung von Wein und Literatur jedenfalls erweist sich auch darin, dass Gutenberg durch das Vorbild der Weinpresse zur Druckerpresse gelangte.

1462 vertrieb Bischof Adolf von Nassau Gutenberg aus Mainz. Am 17. Januar 1465 machte Kurfürst Adolf II. im Grafensaal der Eltviller Burg Johannes Gutenberg zum Hofdienstedelmann, versprach ihm die standesgemäße Kleidung und sicherte ihm jährlich mehr als eine Tonne Korn und 2000 Liter Wein zu.

Heute erinnert die Gutenberg-Gedenkstätte im Burgturm an den Erfinder des Buchdrucks (täglich geöffnet von 10–18 Uhr). Seit 1984 finden dort mehrmals im Jahr die Eltviller Drucktage statt. Auf einer historischen florentinischen Druckpresse werden dann Originaldruckgraphiken hergestellt und Informationen über die Druckkunst geboten.

Die Drucktage gibt es in unregelmäßigen Abständen, auf jeden Fall aber am Tag des offenen Denkmals im September und am Sektfestsonntag Ende Juni/Anfang Juli. Druckvorführungen samstags und sonntags von 11 bis 17 Uhr. Auskünfte: Kultur- und Gästeamt, Schmittstr. 2, 65343 Eltville, Tel. 06123/90980 oder Burgverein, Herr Köhler, Tel. 06123/62239.

Geisenheim

An die vielen Aufenthalte von Hoffmann von Fallersleben in Geisenheim erinnert heute dort keine Tafel, keine Inschrift. Der Dichter des Deutschlandliedes war zwischen 1843 und 1849, nachdem er wegen seiner 'unpolitischen Lieder' 1843 seine Germanistik-Professur in Dresden verloren hatte, im Hause des damals sehr bekannten Weinhändlers und liberalen Politikers Johann Dietrich Dresel zu Gast. 1849 verkaufte Dresel sein Haus an die Familie von Brentano. Im Frühjahr 1847 schrieb der Dichter ins Stammbuch von Dresels Frau drei Gedichte. In einem heißt es:

Es ist so schön in dieser Welt am Rhein,
doch ich muß fort!
Und schöner, Euer Freund und Gast zu sein,
doch ich muß fort!

Von 1825 bis 1850 lebte die Dichterin Adelheid von Stolterfoth in Geisenheim. Das Haus in der Behlstrasse, in dem sie wohnte, hatte dem Anwalt am Reichskammergericht und einflussreichen Politiker im Herzogtum Nassau Freiherrn von Zwierlein gehört, der die Rheingau-Dichterin 1844 mit 78 Jahren heiratete.

Über all dies kann man am Longfellow-Brunnen am Domplatz in Ruhe nachdenken. Bei dieser Gelegenheit kann man dann auch bedauern, dass im Kloster Marienthal, das zu Geisenheim gehört, keine Inkunabeln und andere Frühdrucke mehr anzuschauen sind. Die Klosterdruckerei war die erste überhaupt. Die Klostergeistlichen haben wahrscheinlich 1468 mit dem Drucken begonnen, si-

cher aber sind dort zwischen 1474 und 1484 zum Beispiel Ablass-
briefe und Breviere gedruckt worden, von denen sechs zu datieren
sind.

Hochheim

Lord Byrons 'Child Harold', das Hochheims Lage begeistert besingt, liest man am besten in ganzer Länge – auf Englisch natürlich
– zu Füßen des Königin-Victoria-Denkmals, das an den Besuch der
Regentin im Jahre 1850 erinnert. Dabei kann man dem Plätschern
eines eigens vorhandenen Brunnens lauschen. Inmitten der Weinberge gelegen, wirbt das Denkmal auch gleich für die hervorragende Lage 'Königin-Victoria-Berg'. Davon kann man dann bei der
Lektüre ein Glas trinken.

Kiedrich

Ausnahmsweise soll hier kein literarischer Tipp gegeben, sondern
eine seltene Darbietung aus einer Nachbarkunst empfohlen werden. Jeden Sonntag um 9.30 Uhr werden in der St. Valentinuskirche
im Choralhochamt gregorianische Gesänge dargeboten. Nicht als
Volksbelustigung, sondern einer alten Kiedricher Tradition folgend,
über die man sich im Chormuseum informieren kann. Alle Mitwir-
kenden nennt man 'Chorbuben', obwohl neuerdings auch Mädchen mitsingen.

Informationen: Katholisches Pfarramt Kiedrich, Marktstr. 26,
65399 Kiedrich, Tel.: 06123/2421.

Mainz

Jeder Literaturliebhaber sollte zumindest einmal im Leben zum
Mainzer Gutenberg-Museum gepilgert sein. Das ist man der Erfindung des Buchdrucks mit beweglichen Lettern schuldig. Außerdem

Der Königin Victoria Berg und sein Monument bei Hochheim

lohnt es sich; denn, günstig im Stadtzentrum gelegen, kann man nicht nur eine Ikone der Druckgeschichte sehen, die 42-zeilige Gutenberg-Bibel, es wird in einer Druckwerkstatt auch gezeigt, wie es vor 500 Jahren um das Druckhandwerk bestellt war. Schätze wie mittelalterliche Handschriften, historische Drucke, Graphiken, Setzmaschinen, Druckerpressen sind auch zu besichtigen.

Informationen: Gutenberg-Museum, Liebfrauenplatz 5, 55116 Mainz, Tel.: 06131/232955/57. Öffnungszeiten: Dienstag bis Samstag 10–18 Uhr, Sonntag 10–13 Uhr.

Oestrich-Winkel

Das Brentanohaus mit den Goethezimmern ist kein öffentliches Museum. Nach Absprache mit der Familie von Brentano jedoch oder bei besonderen Gelegenheiten kann das Haus, das in besonderem Maße zur Heimat der Romantik gehörte, besucht und besichtigt werden. Man schreibt an: Familie von Brentano, Am Lindenplatz 2, 65375 Winkel oder ruft an: 06723/2068.

Die Stelle am Rhein, an der Karoline von Günderode sich das Leben nahm, ist im Laufe der Zeit durch Versandung und Flussregulierung verloren gegangen. Den Grabstein mit ihren Abschiedsversen findet man auf dem Friedhof in Winkel.

Rheingau Literatur Festival

Das mittlerweile außerordentlich renommierte und erfolgreiche Rheingau Musik Festival, das jeden Sommer hervorragende Künstler und Scharen von Besuchern anlockt, bekam im Herbst 1993 und seit 1994 unter dem Namen „WeinLese" einen literarischen Vetter. Initiiert von dem Literaturredakteur Thomas Hocke hat es sich für das Bündnis von gutem Wein und guter Literatur große Verdienste erworben.

In weintypischem Ambiente – Kellern und Gewölben – wird dann gelesen, getrunken, geredet. Das Konzept ist aufgegangen:

Mittlerweile gehört es für die (nicht nur deutschen) bekannten Autorinnen und Autoren zu den Selbstverständlichkeiten, beim Rheingau Literatur Festival aufzutreten. Das mag auch am Rheingau Literatur Preis liegen, der an vielversprechende, noch nicht arrivierte und mit allen anderen Preisen bedachte, deutschsprachige Autorinnen und Autoren vergeben wird.

Das Preisgeld beträgt immerhin DM 15 000, und – 111 Flaschen Rheingauer Wein.

Informationen: Rheingau Literatur Festival, Rheinallee 1, Postfach 1108, 65375 Oestrich-Winkel.

Rüdesheim

An Goethes Aufenthalte in Rüdesheim erinnert die Goethe-Tafel am Adlerturm in der Rheinstraße.

Im Rheingau- und Weinmuseum (geöffnet täglich 9–18 Uhr, Mitte November bis Mitte März geschlossen, Tel. 06722/2348) sind die Gästebücher der Brömserburg zu sehen. Dort hat sich Goethe verewigt und auch Heinrich Heine und viele viele andere. Wer den 'Sandmann' von E. T. A. Hoffmann liebt und eine Schwäche für 'Musikautomaten' jeder Provinienz hat, der sollte unbedingt die einzigartige Sammlung 'Siegfried's Mechanisches Musikkabinett' besuchen, die im Brömserhof, ganz in der Nähe der stets überfüllten Drosselgasse, untergebracht ist. (Tel. 06722/49217, Öffnungszeiten wie Museum in der Brömserburg.)

Wiesbaden

Mit dem 'Spieler' von Dostojewski in der Hand kann man die Spielbank im Kurhaus mit ihrer neoklassizistischen Innenarchitektur besuchen und dabei auch an Richard Wagner denken, der dort einmal gewonnen hat. (Demospiele und Führungen auf Anfrage möglich.) Wer sich für Goethes Farbenlehre interessiert, sollte das 'Erfahrungsfeld der Sinne und des Denkens' in Schloss Freudenberg besuchen: 65201 Wiesbaden-Dotzheim, Tel. 0611/9410725, geöffnet samstags, sonntags, Feiertage 12 bis 18 Uhr, Dienstag bis Freitag 9–18 Uhr. In Frauenstein, unterhalb der Frauensteiner Burg, ist der Goethe-Stein zu bewundern, an dem der Rheingauer Riesling-Pfad vorbeiführt.

Und noch ein Geheimtipp: Wer sich für Räuber-Mythen interessiert, der sollte unbedingt der Leichtweiß-Höhle einen Besuch abstatten. Von der Talstation der historischen Nerobergbahn aus läuft man 15 Minuten im Stadtwald, bis man auf die 30 m lange Höhle stößt, in der Waldarbeiter im Jahre 1791 den armen Sonderling Heinrich Anton Leichtweiß fanden. Die Obrigkeit hatte sein Leben ruiniert und ihn als gefährlichen Räuber und Wilddieb gebrandmarkt, der er gar nicht war. Wer es genau wissen will, der muss den Roman in hundert Heften mit jeweils 22 Seiten lesen, den W. A. Röder um 1880 verfasste.

Quellen

Ernst Moritz Arndt: Sämtliche Werke, 2. Band. Bearbeitet von Hugo Rösch, Leipzig 1893.

-: Werke, 2. Teil. Hrsg. von August Leffson, Berlin, Leipzig, Wien, Stuttgart o. J.

Achim von Arnim: Auf dem Marktschiff. In: Reisen deutscher Romantiker, hrsg. von Ernst Vincent, Jena 1938.

Achim und Bettina (von Arnim) in ihren Briefen, 1. Band, hrsg. von Werner Vortriede, Frankfurt am Main 1961.

Bettina von Arnim: Goethes Briefwechsel mit einem Kinde, 1. und 2. Teil. In: Sämtliche Werke, 3. Band, hrsg. von Waldmar Oehlke, Berlin 1920.

-: Die Günderode, hrsg. von Elisabeth Bronfen, München 1982.

Sofie Charlotte Bauer: Die „Krone" von Assmannshausen, Mainz 1981.

Otto von Bismarck: Briefe an seine Braut und Gattin, hrsg. vom Fürsten Herbert Bismarck. Stuttgart 1900.

Ludwig Börne: Sämtliche Schriften, 1. und 4. Band, hrsg. von Inge und Peter Rippmann, Dreieich 1977.

Clemens Brentano: Briefe, 1. Band 1793–1809, hrsg. von Friedrich Seebaß, Nürnberg 1951.

-: Werke, vier Bände, hrsg. von Friedrich Kemp, München 1978.

Johannes Butzbach: Wanderbüchlein. Chronika eines fahrenden Schülers, Regensburg 1869.

Ignaz Vincenz Franz Castelli: Memoiren meines Lebens. Gefundenes und Empfundenes, Erlebtes und Erstrebtes, 2. Band, München o. J.

Richard Dehmel: Ausgewählte Briefe aus den Jahren 1883–1902, Berlin 1923.

Georg Forster: Ansichten vom Niederrhein (...), Werke in vier Bänden, hrsg. von Gerhard Steiner, Bd. 2, Frankfurt am Main 1969.

Ferdinand Freiligrath: Werke, hrsg. von J. Schwering, Berlin 1909.

Hugo Friedlaender: Interessante Kriminal-Prozesse, Berlin 1912.

Emanuel Geibel: Juniuslieder. Lieder, Gedichte, Balladen, Solingen 1984.

Johann Wolfgang von Goethe: Sämtliche Werke, 18 Bände, hrsg. von Ernst Beutler, München. Zürich 1977.

Die Brüder Grimm: Ihr Leben und Werk in Selbstzeugnissen, Briefen und Aufzeichnungen, München 1952.

Karoline von Günderode: Sämtliche Werke und ausgewählte Studien, drei Bände, hrsg. von Walter Morgenthaler, Zürich und Frankfurt am Main 1991.

Karl Gutzkow: Reiseeindrücke aus Deutschland, der Schweiz, Holland und Italien (1832–1873), Jena 1876.

Johann Jakob Häßlin (hrsg.): Rheinfahrt von Mainz zum Niederrhein, 4. Aufl., Köln 1998.

Aloys Henninger: Das Herzogtum Nassau in malerischen Originalansichten (...), Darmstadt 1842, Neuauflagen ab 1853.

Friedrich Hölderlin: Sämtliche Werke und Briefe in fünf Bänden, hrsg. von Franz Zinckernagel, Leipzig 1914–1926.

August Heinrich Hoffmann von Fallersleben: Mein Leben. Aufzeichnungen und Erinnerungen, 4. Band, Hamburg 1868.

Victor Hugo: Rheinreise. Mit einem Nachwort von Friedrich Wolfzettel, Frankfurt am Main 1982.

Karl Immermann: Autobiographische Schriften. In: Werke in fünf Bänden, 4. Band, hrsg. von Benno von Wiese, Frankfurt am Main 1973.

Nikolai Michailowitsch Karamsin: Briefe eines russischen Reisenden, Berlin, 2. Auflage 1964.

Heinrich von Kleist: Briefe 1793–1804. In: dtv-Gesamtausgabe, 6. Band, München 1964.

Karl Korn: Eine Kindheit im Rheingau. In: Merian 40/IV.

Josef Gregor Lang: Reise auf dem Rhein. Erster Teil: Von Mainz bis Andernach, Koblenz 1789. Zweiter Teil: Von Andernach bis Düsseldorf, Koblenz 1790.

Heinrich Laube: Neue Reisenovellen, 2. Band, Mannheim 1837.

Thomas Mann: Bekenntnisse des Hochstaplers Felix Krull. In: Gesammelte Werke, Band 7, Frankfurt am Main 1960, 1970.

Wilhelm Müller: Rheinreise von 1827, hrsg. von Paul Wahl, Dessau 1931.

Alfons Paquet: Der Frankfurter Rundhorizont. Fahrten in weiter Landschaft, Frankfurt am Main 1937.

-: Der Rhein, eine Reise, Frankfurt am Main 1923.

Wilhelm Heinrich Riehl: Land und Leute. Erster Teil der Naturgeschichte des Volkes als Grundlage einer deutschen Sozialpolitik, Koblenz 1853.

Johann Kaspar Riesbeck: Briefe eines reisenden Franzosen über Deutschland an seinen Bruder zu Paris. Hrsg. von Georg A. Narciss, Stuttgart 1967.

Adele Schopenhauer: Tagebücher, 1. Band, Leipzig 1909.

Karl Simrock: Das malerische und romantische Rheinland, Leipzig 1839.

Gottfried Stein: Reise durch den deutschen Weingarten, München 1955.

Adelheid von Stolterfoth: Beschreibung, Geschichte und Sagen des Rheingaues und des Wispertales, Mainz 1838/39.

-: Rheinisches Album oder der Rheingau mit dem Wispertale und den Nachbarstädten Mainz und Wiesbaden, Mainz 1840.

Christian von Stramberg: Rheinischer Antiquarius, Abt. II, Band 15, Koblenz 1867.

Wolf-Heino Struck: Geschichte der Stadt Geisenheim, Frankfurt 1972.

Niklas Vogt: Ansichten des Rheins, Frankfurt am Main 1804.

Ambroise Vollard: Erinnerungen eines Kunsthändlers, Zürich 1957.

Karl Julius Weber: Deutschland oder Briefe eines in Deutschland reisenden Deutschen, 4. Band, Stuttgart 1828.

Georg Ludwig Wohlgemut: Chatten und Hessen in bewegten Zeiten, Stuttgart 1989.